王兴
管理日志

林军 马晓宁◎编著

ZHEJIANG UNIVERSITY PRESS
浙江大学出版社
·杭州·

图书在版编目（CIP）数据

王兴管理日志 / 林军，马晓宁编著. — 杭州：浙
江大学出版社，2023.5
ISBN 978-7-308-23519-8

Ⅰ. ①王… Ⅱ. ①林… ②马… Ⅲ. ①网络企业－企
业管理－经验－中国 Ⅳ. ①F279.244.4

中国国家版本馆CIP数据核字(2023)第019847号

王兴管理日志

林　军　马晓宁　编著

策　　划	杭州蓝狮子文化创意股份有限公司
责任编辑	张　婷
责任校对	顾　翔
封面设计	张志凯
出版发行	浙江大学出版社
	（杭州市天目山路148号　　邮政编码　310007）
	（网址：http://www.zjupress.com）
排　　版	杭州林智广告有限公司
印　　刷	杭州钱江彩色印务有限公司
开　　本	710mm×1000mm　1/16
印　　张	16
字　　数	275千
版 印 次	2023年5月第1版　2023年5月第1次印刷
书　　号	ISBN 978-7-308-23519-8
定　　价	59.00元

目录

1月

商业思维

1月 1日 找准市场需求

就像美团，我们从 2010 年 3 月 4 日上线以来，虽然我觉得我们还有很多地方做得不够完美，磕磕绊绊，但是这个市场在那里，非常大，用户需求非常强烈，所以我们发展非常快。而如果你进入一个没有强烈需求的市场的话，你人再聪明，再努力，可能也搞不动。

——2010 年 9 月，王兴做客网易财经

背景分析

再次开展创业半年后，王兴在接受采访时，谈到了他选择赛道的底层逻辑。

除了校内网和饭否，王兴和他的团队之前也做过一些不知名的小项目，比如远程冲洗照片，再将照片寄给用户的游子图等，事实证明，只有校内网和饭否是相对成功的。原因很简单，只有这两个产品才是真正有市场需求的产品，其他的产品，不管创始团队付出多少努力，都是没有价值的。

找准市场需求是创业成功的第一步。

1月2日 创业规划法

中国商业互联网的发展有一个金字塔，分三层，代表不同规模、数量的企业。所有企业都是需要做推广的，互联网作为一个很好的信息传播的平台，是商业推广的最好方式。但是在不同的环境下，不同规模的企业会找到不同的、适合自己的互联网推广方式。

2000年左右是中国商业互联网的开端，在金字塔塔尖的是最大的企业是世界五百强。像宝洁、宝马，2000年开始做推广；新浪首页放展示广告，按展示付费，只有很少一部分企业参与。

互联网继续发展。到2005年，很多企业，如制造企业、外贸企业，有推广需求，但是它们没有资金实力去门户网站投广告，或者投放不够精准，回报不够高，但是2005年它们发现，有一种新的商业模式可以帮助它们，那就是搜索引擎，这些中小企业原来不可能在门户网站投广告并按展示付费，但是它们可以在搜索引擎，在百度、谷歌里面投广告，按照点击量付费，这样效果好很多。

……

这些企业，这些本地商家，虽然规模比较小，但是数量非常多，按照国家统计局的统计，有700万家，这些企业都需要进行推广。以前门户网站帮不了这些企业，现在搜索引擎也帮不了它们。搜索引擎虽然是按点击量付费，但是这么多本地商家可能根本连网站都没有，点击量没有意义。它们不关心展示，不关心点击，它们关心有多少客人到店里消费，它们关心交易。

所以它们希望有一种互联网推广方式能够直接为它们带来交易，完全按照效果付费，这个事情美团网可以帮助它们做到。

——2011年3月，王兴内部讲话《团购是超完美的商业模式》

背景分析

美团是王兴第三次出现在大众视野内的创业。他的首次创业是 2003 年年底创办的校内网。校内网由于融资不力，被千橡集团收购。而后 2007 年，王兴相继做了两款社交产品，一个是饭否，一个是海内网。海内网做的白领社交市场没有太大增长空间，饭否是中国第一家类推特（twitter）网站，也在 2009 年 7 月份关停。

王兴开始筹划下一步道路。他已经在互联网行业浸淫多年，创业数次，但这次他发展出来了一套完整的理论系统。王兴从互联网商业化的底层视角去挖掘创业机会，他发现大型企业和中小企业分别在门户时代和搜索时代都找了自己的推广方式，但是当时行业内还有大量的小微本地商家有推广的需求，但是却没有可以提供相应服务的产品。所以从这个角度出发，王兴认定，这些本地商家构成了一个潜力巨大的市场。

行动指南

从产生创业的念头开始，创始人就应该意识到，创业中的一切行为都需要方法论的指导。

1月 3日 只抓属于自己的机会

手机即时通信出现的时候，无数人看到了，腾讯看到了，雷军看到了，我也看到了，但这个事情不属于我们。跟腾讯是没有办法比的，除非你有很原创的想法。

——2013 年 7 月，王兴在《彭博商业周刊》发文

背景分析

无论是校内网还是饭否，王兴做的始终都是社交领域的创业。2013 年 6 月，美团月交易额才破 10 亿元，但是微信却已经被证明是一个现象级的产品。有人问此时的王兴，对于没有抓住这次社交的机会，是否会有些遗憾。

这个问题本质上还是对创业方向的选择问题。对于校内网和饭否，王兴是有一丝遗憾的，他说过校内网是"改变信息传播的巨大机会"，但是下一次创业是否仍然要沿着这条路往前走呢？王兴给出了一个否定的答案。他知道，光看到机会是没有用的，自己有没有能力做，也是创业者要综合考量的重要一环。

行动指南

有自知之明，而又不妄自菲薄，创业才算是入门。

1月 4日 效率高的商业模式一定会胜出

我想商业模式其实不是最关键的事情，因为一个模式可以非常简单、非常透明，商业模式是共通的，关键是看执行力，这是我对商业模式的理解。

短期可以有各种各样的花招，但是长期来看生产力决定生产关系，效率高的商业模式一定会胜出，对处在金字塔塔基的这些商家来讲，美团网这种商业模式比门户网站按展示付费和搜索引擎按点击量付费更适合它们的需求。所以长期来看，更好的商业模式会胜出。

——2011年3月，王兴内部讲话《团购是超完美的商业模式》

背景分析

2011年，团购还是一个全新的商业模式，大部分团购网站都在靠烧钱的方式争夺用户和商家。王兴面临的质疑有两点：第一，在互联网的发展史上有许多商业案例，初期用户规模增长很快，但最终因没有找到合理的商业化路径而失败；第二，美团正陷在与拉手网、糯米网等平台的"千团大战"中，在这些团购网站里面，美团不是融资最多的，也不是最善于营销的，那么美团的竞争优势在哪儿？

王兴用这一段话回答了上述两个问题。中国本地消费市场成熟后，会寻求更有效率的推广模式，而在竞争中，效率高的商业模式一定会胜出。美团唯一要做的，就是将效率提升到极致。

行动指南

商业模式的高下之分，取决于其效率高低，采用哪种商业模式，要看哪种模式的效率更高。

1月 5日　做好一个事情

巨大的潮流当中，有很多的机会，每一个机会都会有足够的空间让公司去成长。所以这个阶段，我们没有必要一下子把所有东西糅合在一起，只要选好一个事情，把它做专做精，让在这个行业里面被服务的各方都满意，我觉得一定会有很好的前景。

——2011年3月，王兴内部讲话《团购是超完美的商业模式》

背景分析

2011年是实体团购迅猛发展的一年，像化妆品、服装的团购，毛利高，所以很多团购网站，原本做的是服务类的团购，但是侧重点慢慢转移到了实体团购上。

在实体团购的浪潮越来越汹涌的情况下，美团依然屹立不动，一直坚守服务类团购业务，把实体团购的交易量控制在了总交易额的10%以下。

行动指南

创业早期，在众多机会中，要学会取舍。

1月
6日 站在正确的时间点上

一个事情，虽然它很有难度，但是过去做不成，不代表将来做不成，只要它长期有价值。

本地电子商务是一个庞大市场，因为几百万家企业都需要营销，需要推广，需要销售，之前试过搜索方式不太行，试过评价方式似乎也不那么有效，我们终于到了一个很有趣的历史时间点，终于出现一个很好的商业模式，能满足这些需求。问题一直存在，可方法一直没有找到，现在我们可能接近找到了。

——2011年3月，王兴内部讲话《团购是超完美的商业模式》

背景分析

在团购模式出现之前，全国上下成百上千万家的餐饮等本地服务类门店，要想在网上做推广，首选还是搜索广告。但是搜索模式并不适用于这些商家，因为搜索并非LBS服务（location based services，基于位置的服务），外地用户的搜索结果几乎完全不能转化为消费，大量的推广费用都白费了。

所以这些本地的小商家，在真正的LBS服务出现之前，它们的需求都没有得到真正的释放。天时、地利、人和三大条件齐备，才成就了本地电子商务这个市场。

行动指南

有价值的事情，在属于它的某个历史时间点到来之时，就会立刻爆发。

1月
7日 看清概念下的陷阱

电子商务还是很泛的范围，美团网不会泛泛说我们是在开放的平台上做电子商务，我们要做的是本地电子商务。之前电子商务发展了很多年，因为有京东卖电器以后，凡客卖衣服卖得非常成功，主要是实体的电子商务，这是非常大的一块。生活中还有一大块不是实体消费，这是两种不一样的电子商务形式。

后者我称其为本地电子商务，因为这个电子商务里涉及的商家主要是提供本地消费服务的商家，是餐馆、理发店、美容店、电影院，这类商家有很强的推广需求，有很强的互联网推广需求，以团购方式可以很好地把互联网用户和本地需求结合起来。

——2012年3月，王兴内部讲话《如何度过行业寒冬》

背景分析

2011年是实体团购发展迅猛的一年，淘宝自己开设了聚划算实体团购频道，其他团购网站紧随其后。

实体团购的优势是：毛利高，GMV（gross merchandise volume，商品交易总额）增长快。但是王兴看到的是，实体团购和服务团购是两种完全不同的商业模式，实体团购是非常重的，对物流、价格等要有一定的要求。所以拉手网在发布招股书的时候，写明了要用融资来自建物流。

既然这是两种不同的商业模式，王兴很快就做出决定，专注于做服务业的本地电子商务，不要分散精力在实体团购上。

行动指南

"实体团购"与"服务团购"大相径庭，相似的两个词可能代表着两种存在巨大鸿沟的商业模式。

1月 8日 跟随用户变化

美团从2010年开始创业，到现在接近4年，我们做第三产业的电子商务。现在中国第三产业或者是本地消费服务业的电子商务基本上始于2011年。我们一边通过手机，通过互联网对接消费者，C 端的用户；另一方面是连接分布在全国各地的各种商家，我们称之为 B 端的用户，例如餐馆、医院、酒店。

从一开始在 PC（Personal Computer，个人计算机）上面，到 2011 年年初我们开始做手机的移动端应用，过去两三年很多用户往移动端迁移，所以我们也跟着往移动端迁移，因为我们把用户放在第一位，我们到用户所在的地方。他们转向手机，我们也转向手机。所以，现在我们基本上有 60% 的交易是发生在手机上面。

——2013 年 12 月 9 日，中国企业领袖年会王兴演讲

背景分析

在所有的团购网站中，美团是转型移动互联网最早、最坚决的公司之一。2012 年，当美团在 PC 上还有巨大流量时，为了在即将到来的移动互联网时代抢占先机，在有限的资源下，美团断了 PC 上的所有投放，用所有的钱购买移动用户。所以王兴曾谈道："在过去两三年很多用户往移动端迁移的时候，美团也跟着迁移。美团是吃到移动端用户增长红利最多的团购公司。"

截至 2013 年 12 月，美团在全国团购市场占据的市场份额已达到 52.4%，排名第一；而 2013 年 1 月时，美团的市场份额为 33.4%，市场占有率大幅增长。①

行动指南

要快速、果断地跟随用户使用习惯的切换变换商业策略。

1月 9日 从团购走向 O2O

O2O 是一个非常新鲜的词，它是 online to offline（线上到线下）的缩写，对此可以有很多不同的解读，但是我认为 O2O 最重要的一个特征是线上交易、线下消费。

---

① 数据来自时任美团副总裁杨俊的微博，原文链接为：https://weibo.com/2154864061/AxzjJdHq0?mod=weibotime

大家想一下，传统的电子商务，不管是 C2C（个人与个人之间的电子商务），还是 B2C（企业针对个人开展的电子商务），它其实也是线上交易，线下收货。那么我们新的 O2O，互联网的部分是类似的，一样线上交易，但是我们做的不是商品的电子商务，我们做的重点是服务的电子商务，本地服务的电子商务，那么，它最重要的特征是线上交易、线下消费。

O2O 的两部分中，其中很重要的一部分就是交易。

——2013 年 2 月，王兴内部讲话《O2O 是一个数万亿的超级大"蓝海"》

背景分析

美团在 2012 年实现了月度盈利，年度交易额为 55.5 亿元，市场份额大概是第二名的 2 倍左右。

王兴察觉到，团购只是本地电子商务的一部分，O2O 是能够更好地囊括美团业务的概念。在 2012 年 11 月 23 日，他就已经关注了一段时间有关 O2O 的概念，并且写道："出乎我的意料，维基百科里居然至今没有 O2O 这个词条。"

在团购的基础上，美团已经于 2012 年 2 月推出了猫眼电影的前身"美团电影"，并于 2013 年年初试水酒店业务，这些都是团购的外延拓展。王慧文则在美团内部开始带队探索创新业务，O2O 就是王兴为美团新业务划定的赛道。

行动指南

公司发展到一定阶段后，要适当寻求拓宽赛道，以便于业务的进一步扩展。

1月 10日　找准第一追求

2013 年完成约 160 亿元的交易额，听起来不小，但是跟整个市场比还是很小。按照官方统计，餐饮一年交易 2 万多亿元，酒店 2000 多亿元，电影 200 多亿元，整个线下交易加起来接近 10 万亿元规模。很多行业总体体量大的时候，行业中的企业确实需要一个非常大的基数才能产生改变它的影响力。所以我觉得我们并不能算在规模非常大的时候才能盈亏平衡。

现阶段，追求盈利并不是一件正确的事。O2O市场一年才几百亿元，我们一方面要扩大自己的市场份额，另一方面要扩大整个O2O的规模。

我们做的肯定不是小富即安的事情。O2O是一个至少可以繁荣10年的行业。服务业的电商，此前都是小打小闹，只是商务交易。从2010年团购兴起至今，还处在方兴未艾的状态，但市场已接近10万亿元规模。接下来还会发生很多事情……

——2014年1月6日，《21世纪经济报道》，《对话王兴：互联网丛林无宁日》

背景分析

2013年美团首次实现了全年盈利。作为一家深入交易端的本地电子商务公司，营收并不困难，在100亿元交易额的基础上，每提升1%的抽佣就能有1亿元的营收。

面对外界对于美团为何此时才盈利的疑问，王兴认为：首先，此时的美团规模并不大；其次，现在并不是要以追求盈利为目的。美团想要改造整个行业，就一定要有相配的体量。

王兴在商业上充满野心，不会将短期利益视为自己的目标，这个阶段，规模是他的第一追求。

行动指南

眼光放长远，不要过度关注短期盈利能力。

1月 10日 随时关注新变化

我们这个行业，并不以"每年"来讨论这个事情，所以我认为更激动人心的项目很可能并不只是我们刚才讨论的这些事情，而是在接下来的几个月里、在明年年会之前会冒出来的一些事情。所以今年我们会开发更多城市，我们会有更多新业务，包括我们现在还不知道的一些新业务，这一切都会带来很多挑战，但也给大家带来了很大的机会。

——2014 年 2 月，王兴内部讲话《"危·机"与"成长"》

背景分析

在 2013 至 2014 年的两年时间里，美团的酒店业务和电影票业务都经历了高速发展。美团酒店每个月的间夜量已经接近被认为是行业第二名的艺龙旅行网，而且按照当时的增长速度，二季度就会超过艺龙。而猫眼售出的电影票占总票房的比例接近 13%，全国每 8 张电影票就有 1 张是通过美团卖掉的。

在 2013 年年底，美团外卖经过反复辩证后启动，此时正在早期开城阶段。这就是王兴口中更激动人心的项目。

行动指南

创始人的思考半径要跟得上业务变化的速度。

1月 11日 重视个人心灵成长

（2014 年）发生了很多事情。（2014 年发生的变化）对我个人或者美团会有什么区别吗？这个很难描述。

一方面我觉得我和美团密不可分，因为这几乎是我生活的全部，不只是一个朝九晚五工作的事情。但另一方面，即使如此，它依然不是完全等价的。

……

（个人层面上）依然尽可能地多看书，哪怕一本书看起来跟我们的工作没有任何直接关系，我觉得这是一个人心灵层面的成长，它跟公司或者跟我们具体干什么事情没有关系。可能我是一个这样的人，就是这样一个人，不管我是美团的 CEO 还是我干别的事情，有一些东西不会改变，那就是我对事物充满好奇。有些事情对我来讲它的乐趣在于了解它本身，了解它可能也没什么用，我也不在乎它有没有用，比如我看书会看一些跟业务没有什么直接关系的。

——2014 年 12 月 31 日，《财经天下》对话王兴

背景分析

2014 年对于美团来说同样是高速增长的一年，团购业务与上年相比有了 180% 的增长，同时这一年美团全速杀向了外卖领域。

外卖是一个全新的业务，虽然都是线上下单、线下交易，但是外卖的环节比团购复杂得多，扩张策略又不一样，不需要在 B 端商家上花太多心思，重点在于 C 端推广和外卖交付上。2013 年 12 月，王兴在"抢滩"上提出来 2014 年实现峰值订单 20 万单，王慧文把这一目标提升到了 40 万单。而结果是，2014 年 12 月，这一数字达到了 150 万单。

剧烈的变化带来的是巨大的工作量。此时的王兴的工作和生活高度重合，但他仍然试图将两者分开。一个人的商业视野取决于他的世界观，世界观的成长则是个人心灵的成长。而只有商业视野足够宽广的人，才能在巨大的变化中看清商业本质，所以坚持生活中的个人成长对于领导者来说是必要的。

行动指南

不要把自我完全放入工作当中，应留出自我成长的空间。

1月
12日 互联网改造服务业

这一年下来，让我更加相信这个判断，互联网对服务业的改造速度和颠覆，会远远超过此前互联网对商品零售的改造。淘宝改变了亿万人的生活，也改变了千百万人的命运，但是它带来的变化主要还是在最后的零售环节上面。

但服务业可能就不一样，美团干的事情是整个行业的潮流，其他的也在往这个方

向赶，比如 e 代驾，一个公司把一个行业完全改造了。所以时势造英雄，我们比较幸运的是在这个大潮中——互联网跟服务业的结合大潮，而且经过这一年的发展，我们更加坚信这个判断。互联网对服务业改造的速度和深度都会超过互联网对零售行业的改造，可能发生得非常快，尤其是大家都用智能手机之后。

——2014 年 12 月 31 日，《财经天下》对话王兴

背景分析

在团购、酒旅、电影票之外，美团外卖如同一匹黑马一般横空出世，照亮了美团的 2014 年。

外卖业务不仅达成了从 0 到 1 的目标，而且在 2014 年年底，日均单量达到了 150 万单，此时距离产品正式上线刚好一年，来自美团团购的订单占比 6%。美团外卖迅速占领了行业第一的位置。外卖这项业务，不论是增长速度还是市场规模，都是出乎意料的。

从团购到外卖，O2O 的高速增长在告诉全世界，互联网正在颠覆线下服务业。

行动指南

看清时代的大潮，才能得到时代的助力。

1月 13日 "互联网思维"不重要

我觉得要看你从什么层面上看互联网，互联网确实是一个非常翻天覆地的变革，但是在思维上，我真的不觉得这是最核心的事情。回到商业本身，你还是得帮什么人解决什么问题，如果有一个思维是亘古不变的，那还是客户思维。

举个例子，大家强调什么差别，互联网行业里产品经理被捧到至高无上的地位，整天讲用户体验，整天讲差异化，但是多数人没有意识到，在一个非免费产品里价格是最重要的差异化。互联网早期很多产品都是免费的，价格是无法实现差异化的，大

家只能讲其他东西；当你不是免费的时候，对多数人来讲价格是最重要的差异。

—— 2014 年 12 月 31 日，《财经天下》对话王兴

背景分析

2014 年的一个热词是"互联网思维"。这个词语的具体来源已不可考，有一种说法是，李彦宏在某次活动曾经提出，即使做的事情不是互联网，也要逐渐从互联网的角度去想问题。

但是"互联网思维"一词真正流行开来，则是依靠小米创始人雷军在多个场合为其站台。他的"七字诀"被众多创业者奉为互联网创业圣经。其内容是：第一专注、第二极致、第三口碑、第四快。雷军认为，口碑和体验就是互联网思维的核心，互联网思维就是小米成功的关键。

在记者以此询问王兴时，王兴没有被互联网思维这个词阻断思考，也没有陷入概念陷阱，仍然提出，要回归到商业本身去看问题。

行动指南

不要迷信流行的商业思维。

1月 14日 智能手机带来了翻天覆地的变化

虽然我们一年取得了很大的进展，但回头看的话最大的遗憾是低估了市场的发展，这一点非常重要。其实不光是去年，包括再早几年也是，我通常是非常激进的。记得我们在 2011 年的时候，美团就提出了 100 亿元、1000 亿元的目标，而且我在很早就做了移动这件事情，但是回头来看我还是低估了这个市场的成长速度。

智能手机对用户的影响，智能手机的普及程度以及带来的翻天覆地的变化，对此如果我们有更早的判断，可能我们会进行更大的、更积极的投入。

—— 2015 年 1 月 18 日，王兴接受媒体群访

背景分析

2014 年是我国手机上网用户首次超过 PC 上网用户的一年，创业公司在这一年百花齐放。以外卖、打车为代表的各类 O2O 服务平台相继崛起，各类 O2O 创业项目此起彼伏，手机用户的使用习惯和 PC 用户天差地别，一个新时代正在到来。

美团从未放松过对于移动端的重视。2011 年年初美团筹备移动开发团队，到了 2012 年，移动端销售占整体销售的比例接近 20%；在 2013 年年中的一次采访中，王兴就提到，美团网近半的成交行为都发生在移动端。

与之相适配的是移动端诞生的、完全基于手机的各类应用，美团外卖在 2013 年年底抓住了这一机会，以无人能够预料得到的速度趁势崛起。因此，王兴在此次采访中重新评估了自己对于移动互联网的判断。

行动指南

没有人能够完全踩准时代的节拍，只要能跟上节奏即可。

15日 1月 做好平台定位

我们不会线下直接开店做事情，因为我们相信互联网是一个更高效的平台，而且我们也不想去做跟我们合作商户竞争的事情。

刚才反复强调，美团的发展跟淘宝、跟京东可能不太一样，它们电商的发展是需要消灭线下那些零售商的，可能淘宝做得越好，京东做得越好，实体店生意就越难做，因为它们是竞争的关系，是颠覆的关系。美团不是这样，美团跟所有的线下商户是合作的关系，美团做得越好，开的餐馆生意就越好，因为我们不开餐馆，不开电影院，也不开酒店。还是得有分工，我们把结合线上线下的互联网平台做好，跟所有线下提供服务的商家合作，就能够把所有消费者服务好。

——2015 年 1 月 18 日，王兴接受媒体群访美团和淘宝、京东的最大区别就在于，后两者在建立自身的商业帝国之时，完全没有把线下的实体店纳入视野范围内，它们另起炉灶，吸引小商家做起了线上的电商平台。

而美团，则是依托于线下商户发展起来的。团购模式的根源就是要服务本地生活商家，因此，美团与线下店的联系更紧密，也更不可能利用平台的身份下场，既做"裁判"又做"选手"。

行动指南

平台也有不同的属性，对平台不能一概而论，做平台型生意应先考虑其属性。

1月16日 做谁的生意？

"没有人永远年轻，但永远有人年轻。"在商业上可以将这句话解读为，到底是做一代人的生意，还是某个年龄段的人的生意？这最好想清楚。有志于解决所有人、所有需求的那另当别论。

——2015 年 7 月 12 日，王兴在饭否上的发帖

背景分析

创业就是做出能够满足人们某种需求的产品，但是要满足哪些人的需求，这是要先于产品而考虑的。《定位：争夺用户心智的战争》一书谈到，公司犯的最大的错误就是试图满足所有人的需求，即人人满意陷阱。大部分公司发现，它们的战略考虑了所有人的需求。如果不做出取舍，在激烈的市场营销战争中将不会取胜。

如果公司做的是某个年龄段的客户的生意，那么由于客户的年龄发生了变化，公司

在发展过程中，必定会随着时间的流逝不断丢失一部分原有的客户，增加一部分新的客户；如果公司做的是一代人的生意，那么在自然情况下，是无法满足其他年龄层客户的需求的。

行动指南

没有产品能够满足所有人的所有需求，重点是抓住自己的目标人群。

1月 17日 下半场

我想起这一段话："诗人是最早的系统思考者。他们观察最复杂的环境，然后把复杂性消减到他们可以理解的程度。"

虽然我不是诗人，但是我们面临这样复杂的环境，无论是国际环境，还是产业环境。

在这样的情况下，我觉得我们需要做点努力，把非常复杂的环境，尽可能地缩减成一个最简单的、容易理解的，而且对我们解决问题有帮助的词语。我想来想去，我想说这个词就是"下半场"。

——2016 年 8 月 26 日，亚布力论坛，王兴演讲

背景分析

什么是"下半场"？就是之前的增长模式已经走到尽头，接下来要切换思考模式的时刻。

王兴先后从美团公司的角度，从 O2O 整个行业的角度，以及从中国互联网整体发展和中国经济供给侧结构性改革的角度，论证了 2016 年是下半场的开端这一论点。外部环境复杂，美团正处于历史的节点，王兴提出了应对下半场的三大举措——上天、入地、全球化。

商业思考的初级境界是从公司的角度出发，高级境界是着眼产业维度，终极境界是从大环境入手。

1月 18日 创业需要接地气

创业需要接地气，所谓接地气不光是你触及地下，而且是要到达养分充分的地底下去。现在你只做 C 端是不够的，这是一个无奈之处，也是一个现实。

现在共享单车非常火爆，我觉得回头看，我相信摩拜是正确的。真正好的事情，要满足客户需求，满足新的场景，要让你的车从体验上、成本上（来看）做到这一点。我认为创造这样模式的人，不光需要接地气，还要落地。

——2017 年 4 月 15 日，新经济 100 人 CEO 峰会，王兴演讲

背景分析

共享单车的诞生，满足了城市用户在"最后一公里"场景下的交通需求。但是在共享单车发展的早期，城市街头有摩拜、ofo、小蓝单车等品牌，称其为"千车大战"也不为过。虽然这些单车的功能是相似的，但市场上有些"单车悖论"：易骑的车，成本低，但是不适应街头场景，损耗率高；耐损的车，骑起来往往比较笨重，而且单辆车成本高企。

在发展过程中，摩拜单车经过不断迭代，终于解决了"单车悖论"，在体验、成本、损耗率之间找到了一个最佳平衡点。摩拜单车真正深入到产业链上游，在满足 C 端需求的同时，从设计侧解决了街头场景的共享单车难题。

后续的故事是，2018 年 4 月 3 日晚间，美团以 35% 美团股权、65% 的现金收购摩拜单车。2020 年 12 月，摩拜单车停止服务，全面接入美团，更名为"美团单车"。

行动指南

要真正建立产品的竞争壁垒，仅做 C 端业务是不够的，还要深入到产业链上游去。

1月 19日　关于终局思维

我们上个月刚刚实现整体盈亏平衡。如果不开拓新业务，我们可以在一年之后规模赢利，但我不认为短期赢利是我们追求的目标。其实无论是讨论边界还是讨论终局都是一种思考角度，但并不是唯一的思考角度。哪里有什么真正的终局呢？终局本来是下棋的术语，可是，现在的实际情况是棋盘还在不断扩大。

——2017 年 6 月 21 日，《财经》，《对话王兴：太多人关注边界，而不关注核心》

背景分析

王兴非常喜欢一本小众书——《有限与无限的游戏：一个哲学家眼中的竞技世界》。有限游戏的目的是终结这个游戏，要赢；无限游戏的目的是让游戏得以继续，不需要结束。那么商业游戏对于王兴而言，到底是一个有限的游戏还是一个无限的游戏？无限的游戏可以包含有限的游戏，有限的游戏可以包含更小的有限的游戏，但有限的游戏无法包含无限的游戏。有限的游戏是在规则内玩的；无限的游戏玩的就是规则，探索改变边界本身。

在做出每一个商业行为之前，都有必要思考这样一个问题：我的目的是什么，是想要在规则范围内尽快结束这个游戏，还是要不断探索边界，开启下一轮游戏？不同的思考维度将会给自身、给公司带来完全不同的结果。

行动指南

从终局出发是一个理想化的思考角度，但并不是每一场创业都需要终局。

1月 20日 一家公司的可替代性与不可替代性

一方面我们认为在具体层面上没有（不可替代性），不会有其他公司干我们的事情可以干得这么好。另一方面，这世界上没有任何东西是不可替代的，除了这个世界本身。

——2017年6月21日，《财经》，《对话王兴：太多人关注边界，而不关注核心》

背景分析

一家公司能够打造出自己的技术壁垒和商业壁垒，为社会提供独一无二的价值，提升整个行业的平均效率。从这个角度来说，这家公司的确是无可替代的。

但是再有价值的公司，都不是非存在不可的。更何况价值不是永恒存在的，再高的技术壁垒和商业壁垒，都有可能被外部世界颠覆。

行动指南

对于一个公司的领导者而言，明确自己公司的价值很重要，但是意识到自己的公司不那么重要，这更重要。

1月 21日 创业永远不晚

可能大家之前有些误解，我在2016年说现在互联网进入下半场，似乎机会不多了，恰恰相反，或者从来都相反，创业的机会天时永远有，因为我们相信不管在哪一个阶段，不管已有的技术发展到什么阶段，总有更新的技术，总有一个无尽的前沿。我们要不断地往前探索，每一代人和每一代创业者都是建立在之前的基础上。

我们看过去五十几年，整个科技的发展，回归到一条，就是1965年英特尔的创始人提出摩尔定律，半导体芯片的密度每18个月翻一番。非常令人惊叹的是，在过去接近60年时间里，这个定律一直在起作用，芯片的密度在不断地提升，计算能力、通信能力、感知能力都在不断地提升，所以才会有从大型机到小型机，从个人电脑和笔记本电脑到手机，到现在可穿戴式设备，到万物互联。这个进程不会停止，整个世界在摩尔定律的基础上都在数字化，而且是在加速地数字化。所以我认为创业的机会有，但你不要试图做别人已经做完的事情，你不要去做那些已经被数字化的事情，你应该找一个还没有被数字化的领域，去把它数字化。

——2020年9月12日，HICOOL全球创业者峰会，王兴演讲

背景分析

互联网进入下半场，是不是意味着机会越来越少，创业的空间越来越小了？王兴的答案当然是否定的。创业的本质是探索还未出现的世界，不论现有的世界如何发展，前面还会有没有被人发现的新世界。

这一说法未免过于理论化，毕竟对于大部分人来说，探索前沿世界的说法过于不可捉摸。因此，他随后提出了更具有普适性的创业解决方案，就是找到一个还没有被数字化的领域，并将其数字化。

行动指南

创业的机会一直存在，关键是找到合适的领域。

1月22日 最好的商业决策

做最厉害的商业决策不能算小账，考虑投入产出比时不能受限于局部的所谓理性，因为它最后不仅影响你这个公司能赚多少钱，而且影响你这个国家的钱能值多少钱。

——2019年8月11日，王兴在饭否上的发帖

背景分析

饭否上的这句话，王兴在一年后又重新转发了一遍。理性的商业决策，就是从实际出发，判断这是一个多大体量的市场，能做多大规模的公司，每年能赚多少钱。但是从王兴的角度出来，这种理性思考只是决策的部分依据，而且还是相对不重要的那一部分。在此之上，这个商业决策是否有更大的价值，是否有社会层面的，甚至国家层面的影响，才是更重要的。

这一重境界正是乔布斯所言："你是想卖一辈子糖水呢，还是想抓住机会来改变世界？"

行动指南

相信自己能改变世界。

2月

产品逻辑

2月 **重视产品**
1日

　　我觉得过度痴迷技术肯定是不对的，但是重视产品是没错的。因为我们创业归根到底是做了一个产品，为我们的用户服务。那么在美团的话，我认为技术、产品、商务合作和市场推广一样重要。因为我们做这个美团的产品是通过技术的方式实现我们的想法，去帮消费者跟商家对接。然后我们商务合作就是去谈合作的商家，市场推广是去找做合作的消费者，所以整个环节是连在一起，不可划分的。

——2010 年 9 月，王兴做客网易财经

背景分析

　　是产品、技术重要，还是运营、市场重要？如果跳出设置这个问题的思维陷阱来回答的话，对于一家创业公司，每一项都不可或缺。没有产品技术，创业就像无源之水、无本之木；但是没有运营、市场，再好的产品和技术也毫无用武之地。

　　狭义的产品指的是看得见的某种商品，比如美团网提供的某场团购。但是广义的

产品还要包括用户在整个消费过程中能够感受得到的服务，包括附加的售后、潜在的预期、品牌的美誉度等，市场和运营所做的工作也是产品的一部分。

王兴高度重视用户的产品体验，团购的链条比较长，除了网站要美观稳定，美团还要尽量影响上游商家，监督商家做好每一场团购服务。当时美团团购的运营由郭万怀负责，对于什么样的单子能上、什么样的单子不能上，他有极大的决定权，如果某些服务条款对用户不利，那么不论利润多高，都不能上美团网。

行动指南

产品不只是货到付款的商品，还包括企业前后提供的所有服务。

2月2日 让消费者满意

对每个团购项目，我们需要达到的目标是让平均分在 4 分以上，因为所有事情都不完美，所以在这个阶段，我们不能指望所有项目全都是 5 分，但是我们希望美团网组织的每一个团购项目，它的平均分综合下来是在 4 分以上。

过去一年我们可以骄傲地说，我们达到了这个目标，美团网所有消费者评价综合下来是 4.2 分，这是一个还不错的成绩。但是我们有信心在这个目标上继续努力，通过我们采取的各种措施，以及对各个环节的把握，来把这个分数在将来一年、两年时间里继续提高，让消费者越来越满意。

——2011 年 3 月，王兴《团购是超完美的商业模式》

背景分析

美团网在国内的团购网站中首创了短信反馈的机制。当时消费者在美团网消费后一共能收到三条短信，第一条是美团券密码的短信，在商家处验证后，收到第二条短信，提示该美团券已经消费，两小时之后，消费者还会再收到一条短信，请消费者对这一次的消费体验进行评价。

除了打分，消费者有时候还会写出文字评价，美团网也会将这些评价收集起来反馈给商家。

在美团网的一周年新闻发布会上，王兴发布了一款产品，叫作"团购无忧"，包括了"七天内未消费无条件退款""消费不满意，美团就买单"和"美团券过期未消费，无条件退款"，通过一系列措施让消费者放心。当时的各家团购网站普遍将未消费的订单视为利润来源，美团是第一家做到未消费百分之百退款的团购平台。

行动指南

重视用户反馈，是打造好产品的关键一步。

2月 3日 一切都是为了服务消费者

不管我们网站做得再好，UI 体验设计得再炫，我们并不能给消费者提供最终的服务。最终的服务，不管是吃饭、唱歌、看电影，还是去做 SPA，都需要由分布在全国各地的几十万家商家来提供，所以如果没有这些商家，我们就无法真正地服务消费者。

刚才的视频里面我们看到，有很多商家跟我们合作，我们需要感谢它们，因为它们跟我们一起提供服务，提供最终的服务，才让美团这个网络平台的存在变得有意义，才能让消费者获得实际的服务。

——2013 年 2 月，王兴内部讲话

背景分析

对美团网而言，真正的产品并不是网站本身，而是网站上能够提供的各种各样的团购选择，消费者打开美团网不是为了看网站设计，而是为了购买质优价廉的服务。

当然，网站设计虽不追求新奇酷炫，也不能追求赶客的效果，达到页面整洁、速度快等标准即可。

这是因为，消费者最看重的就是在美团网上能够买到的种种服务，没有商家提供的服务，就没有消费者，这是团购产品最核心的部分。

创业者如果不能准确抓住产品的核心功能，过于重视其他方面的体验，是满足不了用户的核心需求的，也就不能做出一款好的产品。

行动指南

时刻不忘打磨产品的核心功能。

2月 4日 率先模仿也是创新

陈东升理事长有一个很著名的论断，率先模仿也是创新，美团网这个模式不是我们完全原创的，也是我们从美国引入的。但我们当时也不是随便看了美国任何一个模式就去学和模仿，我们还是有对互联网的思考在里面的。因为美团网是 2010 年年初创立的，在 2009 年年底的时候在讨论我们第三次创业到底做什么的事情，我们对互联网有理解和总结，在此基础上我们选择做什么样的模式，因此选择了做美团网。

——2014 年 2 月 11 日，2014 亚布力中国企业家论坛第十四届年会

背景分析

王兴的这几次创业中，校内网模仿了脸书（Facebook），饭否模仿了推特，美团模仿了美国团购网站 Groupon，因此市场上有一种声音认为王兴长于模仿而不善于创新，进而引发为何中国的创业者不擅长做独创性产品的讨论。

王兴此前曾经回应过这个质疑。他的观点是，做一个顶级公司，不是一个人，也不是一个团队能搞定的。从 IBM、微软、谷歌到脸书，是四代顶尖 IT（information technology，信息技术）公司。做到这个程度，不是个人和团队的努力，是综合国力和社会水平的体现。

在中美互联网环境仍有较大差距的情况下，模仿倒是一种快速学习先进经验的办法。但是模仿并不一定意味着成功，既要有眼光，选择合适的模仿对象；又要认真思考总结，同一类型的产品在不同的社会环境下应该有哪些区别。

行动指南

如果不知道如何创新，不如想想可以模仿什么。

2月 5日 价格的重要性

举个例子，大家强调什么差别，互联网行业里产品经理被捧到至高无上的地位，整天讲用户体验，整天讲差异化，但是多数人没有意识到，在一个非免费产品里，价格是最重要的差异化。互联网早期很多产品都是免费的，价格是无法实现差异化的，大家只能讲其他东西；当你不是免费的时候，对多数人来讲价格就是最重要的差异。

——2014 年 12 月 31 日，《财经天下》对话王兴

背景分析

早期大部分的互联网产品是免费的，所以只要用户对产品稍有不满，就会很快切换到另外一个同类产品上去。这就要求产品经理要在产品的每一个细节点上下功夫。王兴的创业伙伴告诉笔者，做校内网时，王兴甚至会检校网页上像素级别的差距。

但是对付费产品用户的心态就不一样了。首先，和免费相比，没有人喜欢花钱；其次，付过钱的用户切换产品的成本更高，所以即使稍微有点不爽也会接着用下去，基于风险厌恶的心态，用户也希望能够买到更便宜的产品。所以价格决定了这一类产品的差异化程度，直接决定了产品的客群范围。王兴自己也曾在饭否中写道，之前他从携程用户转变为去哪儿用户，就是因为他认为，只要服务基本可靠，便宜就是王道。

价格决定产品定位。

2月 6日 产品形态多元化

在这个过程中，我们还有很多新的业务在孵化，因为我们最终要成为大家吃喝玩乐的好帮手。这个事情只有互联网不够，只有互联网的一些小的产品不够，我们需要用各种产品形态去打动商家，连接消费者，在方方面面把大家服务好。

——2015 年 3 月，王兴内部讲话《2015 年是 O2O 决战年》

背景分析

美团创立的这五年时间，逐渐在原有的综合团购业务基础上发展壮大，拓展了很多细分品类。在电影票业务上美团孵化了猫眼电影，并且向产业链上下游渗透；酒店事业部也在同一时期成立，在 2014 年年底已经成为间夜量仅次于携程的平台；2013 年年底开始的美团外卖更是深受集团重视的重点业务。

每一个业务板块上，只有团购都是不够的。比如：用户在看电影的时候，就希望能够在手机上提前选座；在住酒店的时候，就希望能顺手预订；吃饭时还希望能够将餐饮能够送到家。所以美团会根据不同的行业不断开发出新的产品形态，连接商家和消费者。

行动指南

产品有了初步成功之后，要继续深入挖掘用户需求。

2月
7日 不停争取用户

　　还有其他很多新的事情，因为吃喝玩乐的事情太多了，有很多细分的事情，新的模式会层出不穷，大家都在互联网的帮助下来改造生活服务业，改造吃喝玩乐。用户并不是天然属于我们的，商户并不是天然忠于我们的，所以我们需要不停地争取他们，我们需要用我们的团队，用我们的产品和服务去证明给商户说，我们美团能够最好地帮到你，帮你带来更多的客流，帮你赚更多的钱。我们需要跟商户合作好，让消费者在这里得到最广、最多的服务和最优惠的价格。这些事情需要我们不停地去争取，去反反复复地一直坚持。

——2015 年 3 月，王兴内部讲话《2015 年是 O2O 决战年》

背景分析

　　团购几乎能够囊括整个本地服务业的所有商家，每一个细分品类都有其特性，团购服务没有足够的灵活性贴合每一个品类，因此都会不断出现新的细分模式，能够比团购更好地满足用户的特定需求。

　　细分领域的竞争将会一直存在，一旦在某个领域有了更好的产品，用户就会迅速转移。争取用户的过程是没有止歇的，将会随着市场环境的发展一直延续下去。

行动指南

　　用户并不天然属于我。

2月
8日 抓痛点

　　互联网思维还有一个很重要的特点，是专注、专注、专注再专注。我今天早上路演看了很多的创业项目，很多点子很好，但是要注意的地方就是不要一下子把面铺得太开。别的行业创业也可以参考，也是专注、专注、再专注。要选择一个真正的痛点，真实的问题，用户很痛的问题，把它做透，把痛点解决，你就能创造很大的价值，很自然就扩展，甚至不用去想我要做的是产品还是平台。

——2015 年 9 月 30 日，王兴在"龙岩商务高峰论坛"演讲

背景分析

许多人在创业之前，会纠结于自己做一个什么样的产品，是要做平台型的还是工具型的。王兴给出了一个产品经理的终极建议，不要去考什么样的产品，先考虑用户的痛点，而且要选择最痛的那个痛点，想办法解决它，产品形态就自然出来了。

《人人都是产品经理：写给产品新人》一书中提到，产品是可以满足人们需求的载体，解决问题就意味着满足需求，这样才能产生价值。

另外，对于公司刚刚起步的创业者而言，首要任务是用一款成功的产品破局，所以专注于某个最能满足用户的产品，好过将精力和资源分散在多个产品上。

行动指南

研究产品的本质还是研究用户。

2月9日 善弈者通盘无妙手

我们肯定要让内容更加丰富，因为我们希望总体我们能给消费者提供更多、更好、更优惠的吃喝玩乐。我相信下棋的高境界是通盘无妙手，你真的能够想得非常好才行。

——2016 年 1 月 28 日，《财经》专访王兴

背景分析

"通盘无妙手"，指的是一个善于下棋的高手，下完一整盘后，外人还不觉得哪一步是出人意料的精妙下法，只觉得步步都平平无奇，不明白棋艺到底高在哪里。

这段话是在讨论美团在与大众点评合并后，接下来将采取什么样的产品策略。王兴给出的答案很简单，就是继续丰富平台上的内容。因为最终的成功，并不仅仅依靠某一个令人惊叹的好产品。做好全盘规划，稳扎稳打，要在没有这种产品的情况下，也能取得胜利。

行动指南

成功不要指望某一次的灵感爆发。

2月 10日 改造商业生态

所有（对商业的改造和渗透）都是从低级到高级的一个过程。早期我们做外卖只是把原来线下卖外卖的商家搬上来，有新的需求才有机会去培育新的供应，才形成了市场。接下来你就会看到大量新冒出来的、原来完全不存在的、完全基于互联网外卖平台出现的那些外卖供应商。之前大家千年不变，例如最大的外卖供应商丽华快餐已经做了十几年了，现在因为有了美团外卖这种平台，我认为丽华快餐的竞争者就会出现很多。

——2016 年 1 月 28 日，《财经》专访王兴

背景分析

美团外卖平台正在造就一个全新的外卖生态系统，许多依托于外卖业务的餐饮商家相继涌现。

平台型产品与平台上的商家是相互促进的，平台给商家带来了机会和流量，商家为平台提供了供给和交易。生态系统的复杂度与其稳固程度成正相关，在自然界如此，在商业世界也是如此。

行动指南

生态建设不是一朝一夕能完成的事情。

2月11日　创新不只发明

我做的事情并不都是百分之百原创的，那也不是我所追求的。大家可能对发明和创新、创造的理解有点偏，原创是一回事，你做选择判断是另一回事。举个最夸张的例子，你写一篇文章，里面每一个字都是汉字编码里面的，你所做的事情是通过重新排列组合展示一个不一样的想法，你不创造任何一个汉字，但你的创造是在排列组合层面上的，这其实体现了你的判断。用户本质上关心谁更能满足他的需求，而不是谁用了完全不一样的想法。

——2016 年 1 月 28 日，《财经》专访王兴

背景分析

《智慧社会：大数据与社会物理学》中记录了史蒂夫·乔布斯的一段话："创造力只不过是把事物关联在一起而已。当你问有创造力的人，他们是如何做成某件事的时候，他们会感到一丝愧疚，因为他们其实并没有做什么，他们只是明白了某些东西。一段时间之后，这对他们而言就是显而易见的了，因为他们能够把自己的经验联系起来，合成新事物。"

团购的确不是王兴原创的商业模式，电影票在线选座不是，外卖也不是，但是美团能够在这么多领域击败对手，后发先至，甚至面对商业模式开创者时也能够大获成

功，关键还在于三点：

第一，王兴和他的团队能够准确看到机会，并迅速判断出适合的商业模式；

第二，在模仿他人的同时，能够进行局部微创新，使产品和体验更胜一筹；

第三，用户并不天生属于某个平台。

行动指南

与其一味追求创新，不如先学会理解。

2月 12日 连接用户与商家

我觉得连接一切是非常重要的一个概念。稍微回应一下。2010 年做美团的时候，有一段时间我觉得自己有点走火入魔，我走在街道上面，走在商场里看店，这些店在我眼里只有两类：一类是互联网越发展它的生意越好，一类是互联网越发展它的生意越差，因为有摩尔定律的存在。

如果手机网速快 10 倍，流量便宜 10 倍，屏幕大 10 倍，色彩鲜艳 10 倍，哪些线下的店会受益，哪些生意会变差？那个时候我们要做的是服务那些商家，跟那些商家合作，未来不管网速多快，互联网都不能代替你吃一块肉、剪头发、按摩，所以要合作。

几年下来，我们覆盖了 300 多万商家，两三亿的用户，但美团和大众点评依然没有覆盖所有用户，微信平台上还有很多用户是没有安装的。这个时候我们通过微信这个平台就能把我们连接的商家推给更多的用户。

——2016 年 6 月 16 日，2016 年中国"互联网＋"峰会：马化腾、王兴、姚劲波论坛

背景分析

商业的本质是连接，互联网时代，新的连接方式出现，逐步改变旧有的连接方式。比如今日头条改变了人与信息的连接，淘宝和京东改变了人与商品的连接，苹果手机

的出现改变了人与设备的连接。美团是商家与人的连接，而微信则是人与人的连接。

智能手机的普及带来了连接一切的可能。每个人手里拿的都是一个能够连接全世界的入口。王兴提到过，移动互联网时代是一个新的大航海时代。问题是，你的产品又在连接什么？

行动指南

一款好的产品，能够改变一种连接方式。

2月13日 少谈一些颠覆，多谈一些创新

往后看，"互联网＋"要做的是各个行业从上游到下游的产业互联网化，不是仅仅停留在最末端做营销、做交易那一小段，而是真正能够用互联网、用 IT 全面提升整个行业的效率。我之前说过"少谈一些颠覆，多谈一些创新"，我认为整天讲"颠覆"是没有意义的，"互联网＋"根本上还是要靠创新服务于各行各业，靠互联网、靠 IT 技术为各行各业的各个环节提升体验、提高效率、降低成本。

——2016 年 7 月，王兴内部讲话，《中国互联网已经进入"下半场"》

背景分析

早期的互联网做的是纯线上的事情，线上能做的做完了，就进入了 O2O 的时代，开始做线上线下相结合的事情。在下半场，美团考虑的是做比结合更深入一步的事情，即除了帮助商户做营销交易，还有哪些方法可以帮助商家提供更好更有效率的服务。

线上产品很难去颠覆线下实体，因为人们没有办法在线上住宿、吃饭，但是可以利用线上提升线下实体的服务能力。比如：用户看电影时需要在线选座，所以美团做了出票机，提升观影体验；为了满足用户的酒店预订需求，美团开发了美团版本的酒店 ebooking（网上预订）系统；外卖业务后来打造出了基于大数据和人工智能的智能调度系统，加快了送餐速度。

这些产品是美团在"互联网＋"上的尝试，但是还没有达到真正深入行业的目标。深入行业是美团下一步要做的事情。

思考自己可以通过哪种方式深入到哪些行业中去。

2月 14日 做出比市场上的产品更好的产品

一方面现有网约车不能完全满足用户的需求。另一方面，这是 LBS 服务，美团的业务特征很多是和位置相关的——要么是服务提供者的位置，要么是服务需求者的位置。基于这个逻辑，Uber（优步）既做了打车又做了外卖，Uber 全球有超过 20% 的订单是外卖。目前我们只派了一个小团队在南京这一个城市尝试。不仅打车，我们同时还在试其他很多东西。

——2017 年 6 月 21 日，《财经》，《对话王兴：太多人关注边界，而不关注核心》

背景分析

2017 年，美团点评为什么要在打车大战结束的时候去做打车？从这个回答可以看出王兴的产品思维，做与不做首先是看自己能否提供更好的 B 端和 C 端体验，以及能否给出更好的产品。

产品是竞争的核心。

在乔布斯的理念中，无论从何种角度来说，产品都是一个企业的核心竞争力。在王兴看来，产品本身是决定一项业务的最重要指标之一。

行动指南

新产品发布之前的最后一问：这款产品能否带来更好的产品体验？

2月15日 产品的成功要素

"产品的不可复制性"是"基于产品的成功"的必要而非充分条件。我不懂行，但是据说茅台的味道别人真的做不出来。浓香型白酒包括五粮液都可以复制出来。

——2017 年 8 月 25 日，王兴在饭否上的发帖

背景分析

一款成功的产品必然是一款在市场上有着独特定位的产品，可能是功能上不可复制，也可能是外观设计上审美独特，这些都是产品成功的基础。

但是产品的成功需要的不仅是这些特殊的设计和功能，还需要合理的定位、适合的营销、好的运营服务等。如果用户定位失败，原本是一款面向大众的产品，现在却成为极小众群体的偏好，就算在市场上是独一无二的产品，也不能说是成功。

行动指南

产品的壁垒不在于不可复制性。

2月16日 产品与产品模式

我担心的是，Quora 是否能服中国的水土。//@ 盘东子 足够牛的互联网产品肯定不服中国水土，但是足够厉害的产品模式肯定可以横扫五湖四海长城内外。

——2010 年 12 月 27 日，王兴在饭否上的转发

背景分析

作为一款问答类产品，Quora 新颖的产品形态成功吸引了一批高质量用户，成为当年不可多得的社交黑马。随后，国内也出现了一款对标 Quora 的中文问答网站知乎。

Quora 能否在中国取得成功？王兴对此并不乐观。美国的互联网产品来到中国，要么如同亿贝（eBay），被国内的同类产品打败，要么如同脸书，根本无法落地中国。

但是 Quora 的产品模式的确是一项很棒的创新，人性需求其实没有中美之分，真正优秀的产品模式能够跨越地域获得成功。

行动指南

优秀的产品模式没有地域差异。

2月 17日 急用、有用与好用

一个产品，"有用"比"好用"重要得多。如果是许多人"急用"，那就更好了。

——2012 年 2 月 2 日，王兴在饭否上的发帖

背景分析

"急用"是天冷的时候有人雪中送炭，"有用"是点火取暖的时候正好得到一只鸡，"好用"则是在火堆上盖了一个壁炉。既然需要取暖，当然是急用的木炭最受欢迎；鸡虽然不能取暖，好歹还能果腹；好用的产品是在前两个满足的时候才有需求。

行动指南

最好去做人人急用的产品。

2月18日 产品创新与技术难度

"双卡双待"谈不上有多高的技术难度，却是中国手机发展史上很有用户价值的产品创新。多年以后连苹果都跟进了。

——2020 年 7 月 8 日，王兴在饭否上的发帖

背景分析

产品的创新，有时候需要技术上的突破，有时候则只需要思维上的转换。做出来双卡双待的手机，需要的不是技术，而是体察用户需求、重视用户需求的心。

事实证明，有些需求是世界通行的，中国人需要的真正好用的产品的创新，全球其他地方的用户同样需要。

行动指南

做有用户价值的产品创新，会被所有人跟进。

2月19日 补贴是最好手段

技术不行产品补，产品不行运营补，运营也不行？那就只能补贴补了。补完拉倒。

——2017 年 3 月 26 日，王兴在饭否上的发帖

背景分析

技术、产品、运营是一款产品能否获得用户接受的三个重要因素，而且一个比一

个靠近用户。用户可能感受不到技术的差异，但是能感受到产品是否好用；产品相似度极高的情况下，能够更好更快响应应用户需求的运营就是公司的制胜法宝。

在这三方面都分不出来高下的时候，补贴就是最好的办法，但是补贴往往变成了拼融资能力、拼烧钱效率的战争，最后通过"钞能力"分出来一个胜负。早一步花完钱的那方判输。

行动指南

走到补贴大战的产品，没有绝对的制胜能力。

20日 2月 优秀产品经理的基本素质

产品经理，应有慈悲之心。

——2016 年 8 月 27 日，王兴在饭否上的发帖

背景分析

产品经理是沟通用户与公司、业务与研发的桥梁。在勾画产品原型的时候，产品经理始终和用户站在一起，从他们的角度思考问题，不仅要接受他们已经表达出来的需求，还要深入了解产生需求的背景，挖掘他们没有表达出来的需求。

细致觉察并准确描述这些被用户忽略或无法宣之于口的需求才是产品设计能力登堂入室的体现。慈悲之心，指的就是真正与用户共情，不带偏见地感受用户需求。

行动指南

好的产品经理，应当具有强大的共情心。

③月

竞争哲学

3月 用价值赢得客户忠诚度
1日

我觉得客户忠诚度和竞争优势一定建立在核心价值上面，美团的价值是帮消费者跟商家建立联系，而且是通过比较先进的互联网的方式。一方面，对消费者的价值是，我们每天给他推荐比较好的消费指南、消费项目。一边是好东西，另一边是好价格，并且有超低的折扣，这个肯定是五折以下的，经常是两折、三折。这是对消费者的价值。另一方面，对商家的价值是我们为它带去了新的顾客，对它来讲是一个非常好的按效果付费的推广，比它以往做广告的效果更明显。

——2010年9月，王兴做客网易财经

背景分析

美团网于2010年3月4日上线，同年9月，王兴接受了网易财经的采访，谈到了关于竞争的话题。

在这半年时间内，数千家团购网站如同雨后春笋一般冒了出来，这些团购网站处于同一起跑线上，商业模式也是类似的，那应该如何从中脱颖而出呢？

王兴分别从对消费者价值和商家价值两个方面，解答了这个问题。在初期无序、复杂、混乱的竞争态势中，一家初创公司能够坚持公司存在的价值意义，就是最好的竞争策略。

行动指南

坚持自己的产品价值，坚定自己的商业价值，坚守自己的社会价值。

3月 2日 成就卓越

我们如何在众多竞争对手中脱颖而出，始终保持行业第一？最好的办法，就是把每天的工作做得好一些，做到完美，做到极致。这需要敬业精神，需要对工作的热爱，发自内心深处的热爱。微软公司创始人比尔·盖茨有句名言："每天早晨醒来，一想到所从事的工作和所开发的技术将会给人类生活带来的巨大影响和变化，我就会无比兴奋和激动。"他对于成就事业有着独特的见解，他认为成功者最重要的素质是对工作的态度，而不是能力。抱着这样的敬业心态，每个人的生活和工作都会有很大的突破。只要态度端正，能力是可以培养的，今天改善一些，明天再进步一些，积累下来就会变成优秀，变成卓越。

——2011年6月7日，《环球人物》，《持续改善的力量》

背景分析

在众多团购网站中，美团不是融资最多的，融资最多的是拉手网，截至2011年4月，拉手网完成了三轮融资，合计拿到1.6亿美元。而美团只在2010年年底拿到了来自红杉资本的1200万美元。

美团也不是声势最浩大的。线下广告投放的巨头是拉手网。不论是地铁站还是广告楼，铺天盖地都是葛优代言的拉手网广告。后来的资料显示，拉手2010年全年销售及市场费用为4004万元，2011年前9个月则高达5.23亿元。在2011年，美团的广告预算是 1.3 亿元，糯米网是 2 亿元，团宝网宣布的广告投放额将达 5.5 亿元，大众点评是 3~4 亿元。

当时人才竞争形势非常严峻。美团的城市团队非常脆弱，王兴和高管们没有直销团队的管理经验，这段时间广州和上海的城市经理都被窝窝团挖走了。

面对这种强度的竞争压力，王兴指出成就事业，最重要的是对工作的态度，而非能力。保持动作不变形、保证态度不走样，就是美团坚持下来的根本原因。

正好在 1 个月后的 7 月 7 日，美团收到了 B 轮 5000 万美元融资的转账。

行动指南

面对困境的第一步是端正态度。

3日 3月 开放是为了更大的利益

我认为对平台来讲，开放是一种竞争策略，开放是好事，但是我们作为应用，我们要明白这个平台的开放是为了它能够获得更大的利益。

……

这个时候，最好是有多个开放平台，只有让开放平台之间竞争，这个开放才能持久，才能更彻底，才能更真正地开放。开放，不取决于任何一个人暂时的心情和思想状态。

——2011 年 5 月 31 日，首届互联网开放大会，王兴演讲

背景分析

这是"3Q 大战"结束后，由中国互联网协会指导、360 公司主办的首届互联网开放大会。360 在这场大会上推出了开放平台战略，包括 360 安全桌面、安全管家、安全浏览器、极速浏览器的应用中心、团购平台等在内的业务均已向第三方开放。

美团网则作为其中的应用厂商参加了会议。同时，作为餐饮等本地服务类商家的平台，美团有着平台和应用的双重身份。在论坛环节，王兴谈到了平台之间的竞争，以及平台和应用之间的关系。

在王兴看来，开放是平台之间的一个竞争策略，尽管背后是为了更大的利益，但目前的开放策略对应用厂商是有好处的。至于最后的定价权，则应该由市场决定，而不是由平台本身的大方和小气来决定的。

行动指南

平台的竞争关系会给其中的中小企业带来更好的发展机会。

3月 4日　胜利只属于第一名

这是两个有趣的比较，请大家注意看：一个是阿蒙森团队，总共 5 个人；一个是斯科特团队，17 个人。从这个信息或者说不看信息，凭感觉，大家猜谁最后赢了？谁更可能赢呢？不一定人多的赢，也不一定人少的赢。

大家看一下，他们出发时间是差不多的。这是因为这个世界上竞争从来都非常激烈，当有一个大的机会出现的时候，没有可能只有你看到了，基本是差不多时候，有一帮人都看到了。这跟其他无数场合的竞争都很像，一个真正有吸引力的机会，会在差不多同一时间有不止一个团队、不止一个公司或者不止一个人参与，一定会有激烈的竞争。

所以这两支团队差不多都是在 1911 年 10 月在南极圈的外围做好了准备，准备进行最后的冲刺。结果是这样的，阿蒙森团队在两个多月后，也就是 1911 年 12 月 15 日，率先到达了南极点，插上了挪威国旗。而斯科特团队虽然与阿蒙森团队的出发时间差不多，而且人数还更多一些，可是他们晚到了很多，他们晚到了一个多月，这意味着什么？这就是成功跟失败的区别：阿蒙森团队作为人类史上第一个到达南极点的团队会永载史册，他们获得一切的荣誉；而斯科特团队虽然经历了一样的艰难险阻，但是晚了一个多月，失去了荣誉。没有人记住第二名，大家只知道第一名，只知道阿蒙森团队是第一个到达南极点的团队。

所以，差不多时间出发，早一点到和晚一点到，完成目标和没完成目标的区别，就是胜利跟失败的区别。

——2012年3月，王兴内部讲话《如何度过行业寒冬》

背景分析

美团是第一批做基于LBS的团购业务的公司，但是与美团同时期的还有拉手、糯米等公司。王兴独立推导出了，团购处于商务与社交的交叉点（后期改为了商务与移动的交叉点），因而认定团购是下一个时代的大方向。但在这样一个确定性目标面前，不少人都得出了同样的结论。

"千团大战"就是在这样一个情境下引爆的。

移动互联网时代接下来的几年，围绕打车的"千车大战"、围绕直播的"千播大战"等相继爆发，竞争一次比一次惨烈，最后都只有少数几家头部公司存活下来。

如果你认定自己看到了一个大机会，你要做好面临非常激烈的竞争的准备，并且记住，在大部分情况下，商业竞争中，只有第一名才能叫作成功。

行动指南

不要对竞争怀有侥幸心理。

3月 5日 学习对手的先进经验

2012年，情况跟原来不一样。市场上一度有5000家团购网站，多数是非常小的、没有战斗力的乌合之众，已经慢慢退出市场，剩下几家都不是等闲之辈。

我们在战略上要藐视敌人，但是在战术上要重视敌人。在战略上，我们要相信我们的共同努力会让我们公司成为最好的本地电子商务公司，一个伟大的互联网公司；但是在战术上，我们要重视每一个对手，它们有许多可取之处。

不说点评网，包括拉手、窝窝、糯米、58团购，或者其他团购网，或多或少都有值得我们学习的地方，我们应该充分学习行业内所有先进经验。不光要学习团购行业的，而且要学习其他行业的，包括整个电子商务、整个互联网甚至所有企业运作的先进经验，所有适合我们的，我们都应该学。

——2012年3月，王兴内部讲话《如何度过行业寒冬》

背景分析

2012年春天，拉手网上市失败，这家最受关注的明星公司一夜之间受到了重重质疑。美团后来居上，刚刚走上了行业第一的位置，此时如何面对已经落后于自己的竞争对手，是美团的新课题。

在战略上藐视敌人，就意味着要有横扫一切对手的信心，不被困难压倒的勇气，以及坚持不懈的毅力；在战术上重视敌人，就是时刻不忘对手的存在，了解对手每一步举措的目的，该学习学习，该应对应对。

这种战略上理性乐观、战术上理性保守的竞争策略，在最大化发挥自身优势的同时，还能兼容并蓄，汲取所有的先进经验，不给对手留下一丝机会。

行动指南

既不能妄自菲薄，也不能妄自尊大。

3月6日 规模与毛利

团购本来就该是一个低毛利的事情。如果毛利率太高，就会有无穷无尽的人杀进来；相反，只有低毛利的事情、稳健的事情才能构建竞争壁垒。就像沃尔玛、亚马逊，毛利率都不高，但是它们能够把规模做得非常大，服务非常多的人，非常稳健，同时竞争壁垒也非常高。

——2012 年 7 月 30 日，《美团网 CEO 王兴：团购就像马拉松》

背景分析

自 2011 年 7 月份起，团购行业进入资本寒冬期，能够拿到投资的公司就寥寥无几。为了保证资金安全，有些网站希望能够通过提升毛利率的方式来实现盈利，比如从事毛利可能更高的实体团购或分销。

团购网站的毛利率几乎都在 10% 以下，更多的是在 5% 左右。2012 年 2 月，美团首次成为团购网站的第一名，美团有机会通过提升毛利率来实现盈利。但是王兴坚持认为，美团此时更应该将"低价格高品质"进行到底。随着团购规模的扩大，毛利率可以做到进一步降低，用户也能得到更大的优惠。由规模和低毛利组成的竞争壁垒才是美团的未来。

王兴的坚持，为美团快速摆脱排名接近的竞争对手、稳固市场第一奠定了基础。

行动指南

不应为短期利益转移注意力。

3月 7日 永远离破产只有 6 个月

虽然我们占有总体 50% 以上的市场份额，但别忘了，我们做的不是传统的、狭义的、2010 年 3 月做的团购，而是一个经过 4 年演化的团购。它的本质是 O2O，online to offline，即通过互联网、移动互联网将消费者和商户连接在一起。

那么线下的消费，大家知道第三产业有好几万亿元的市场规模，现在我们关注的、我们占据了 50% 以上市场份额的领域，只有 300 多亿元、400 亿元的份额，

offline 有几万亿元，online 只占了 1% 左右，在这个 1% 里面，我们只占了 50% 多，这又算什么呢？

而且这个市场还在迅速增长，如果我们没有跟上并推动这个增长，随着市场的迅速扩大，我们将被抛在后面。所以，从几百亿元到几万亿元的过程，这是我们面临的巨大的机遇、前所未有的大机遇，可能也是前所未有的大挑战。

因为大家都非常重视这个事情，不管是传统互联网的巨头，还是像万达这样传统的服务业巨头，它们都喊 O2O，都在进入这个行业的时候，我们需要做得更好，如果我们不能做得更好，我们就处在一个非常危险的状态。甚至可以毫不夸张地说。美团这个公司永远离破产只有 6 个月时间。

——2014 年 2 月，王兴内部讲话《"危·机"与"成长"》

背景分析

2014 年年初的美团年会上，王兴总结了美团在上一年的工作成绩，美团完成了 2013 年年初制定的 3 个目标中的 2 个，一个是在团购市场中份额超过 50%，一个是移动端交易额占总交易额的比例超过 50%。2013 年的全年交易额是 160 亿元，没有达到 188 亿元的目标。

同时，团购市场也在发生剧烈变化。"千团大战"已经落下帷幕，美团网稳居市场第一，九成团购网站倒闭，拉手网已经退出第一阵营，糯米网卖身百度，更名为"百度糯米"。此时最有威胁的竞争对手应该是刚得到腾讯投资并且接入手机 QQ 和微信的大众点评。

原来的对手基本上消失殆尽，美团赢得了第一阶段的竞争，但是，这就算坐稳了第一的位置吗？王兴在这个时期给公司上下提了一个醒，这是一个万亿级的市场，如果有竞争对手抓住了市场快速扩张的机会，那么美团就会被甩到后面。

行动指南

即使做了行业第一，也要时时居安思危。

3月 8日 互联网丛林永无宁日

我之前也考虑过竞争的问题，其实竞争两个字是完全不一样的，同向为竞，相向为争，竞是一个比争更好的状态，所以大家都说竞技。互联网行业唯一不变的就是变化本身，而互联网本身也无边际而言。这正是互联网行业能够高速发展，刺激、吸引这么多热血沸腾的年轻人的原因。我们可以在短短30年内走过很长的路，赶超传统行业，这就是互联网的威力。

——2014年1月6日，《21世纪经济报道》，《对话王兴：互联网丛林无宁日》

背景分析

2013年美团完成约160亿元的交易额，在成为行业第一的同时，王兴将目光从竞争对手身上移开，转向了庞大的线下服务市场。在团购之外，美团有了做电影票业务的"猫眼电影"，有了做酒旅业务的"美团酒店"，接下来美团会在这些战场上与BAT（百度、阿里巴巴、腾讯三家公司的合称）正面交锋。

在王兴看来，和BAT面对面并不可怕。因为"竞"是各自努力，"争"是零和博弈，这是一个足够大的市场，他要做的不是和对方火拼，而是将自身的产品服务优化到极致。

行动指南

对于阴影中的庞然大物，要警惕，但是不能畏惧。

3月 9日 行业变化超乎想象

英特尔总裁安迪·格鲁夫在《只有偏执狂才能生存：特种经理人培训手册》一书中说，凡是觉得自己位置很稳的，都离死不远了。这个行业真的是变化太快了，尤其是移动互联网，大家都知道它很猛，但两三年下来，比所有人想得更快、更猛。

——2014 年 1 月 6 日，《21 世纪经济报道》，《对话王兴：互联网丛林无宁日》

背景分析

在 2010 年之前，在本地生活领域规模最大的公司是大众点评。2009 年年底，王兴在启动新一轮的团购创业项目之前，还与大众点评的联合创始人龙伟交流过，得到的回复是点评不会去做团购。因为当时的大众点评并没有意识到，以 LBS 为基础的团购即将成为颠覆整个行业的新势力，所以反应稍慢。直到 2010 年 6 月，头部的几名团购玩家崛起之后，大众点评才姗姗来迟。

大众点评就是典型的慢公司。2013 年年底，美团已经开了超过 200 个城市的时候，大众点评只开了 40 多个城市；虽然移动端 App 开发得很早，但是仍是 PC 端的黄页定位与主张，不符合移动端的特性。种种滞后的表现，使得大众点评在竞争中始终差了一口气。

王兴亲眼见证了大众点评在团购时代的挣扎。短短两三年的时间，数千家公司兴起又衰亡，就连 PC 时代的冠军大众点评都在奋力求存。移动互联网时代竞争的激烈程度，是前所未有的，纵然美团已经成为市场第一，也不可能高枕无忧。

行动指南

跟上行业节奏，是存活下来的唯一途径。

竞争中的鸵鸟原理

3月10日

> 可能很多人都听过鸵鸟原理，我给大家讲一下这个故事。火鸡比母鸡要大一些，如果从旁观者的角度来看，火鸡确实比母鸡是要大一圈或者大两圈。但是，母鸡看火鸡，其实会觉得大家差不多，母鸡也是不太服气火鸡，它觉得你可能就比我大那么一点。
>
> 但是，当一只鸵鸟过来的时候，不管是母鸡还是火鸡，不管它们再不服气，在一个强大的反差面前它们都会认同鸵鸟确实确实比我大。这个道理非常深刻，人和人的对比，团队和团队的对比，公司和公司的对比，这个道理同样存在。
>
> ——2015 年 3 月，王兴宁波讲话《2015 年是 O2O 的决战年》

背景分析

这就是海尔集团创始人张瑞敏所提出的鸵鸟理论。火鸡和母鸡两种鸟类，以外界的眼光来看是很容易分辨出大小的，但母鸡是意识不到的，即使它意识到了，它也不会服气。但是母鸡和鸵鸟站在一起，母鸡就不会有这种心态了。

母鸡是真的不知道火鸡更大吗？它当然知道，但是它觉得差距不大，挑战火鸡还是有机会的。而它与鸵鸟的差距太大，挑战鸵鸟完全没有赢的机会，母鸡也就不会不服气了。

公司之间的竞争同样如此。两家同类公司，如果第二名认为，它与第一名之间没有难以跨越的鸿沟，那么第二名总是要去试一试的。打嘴仗是没有用的，第一名要坚持往前走，把第二名远远甩在身后，才能击垮对手的斗志。这也是互联网行业最终总会形成"721"格局的原因之一。

此时的团购市场上唯一还能与美团有一战之力的就是大众点评。在王兴本次讲话一个月后，大众点评获得了来自小米、腾讯、淡马锡、复星、万达等投资方的 8.5 亿美元投资，随后推出了"闪惠"产品，将团购战争拖入到了决胜战阶段。

拥有无可辩驳的优势，才能从心理上摧毁竞争对手。

3月11日 创新永远在边缘

我认为在互联网领域的竞争规律并没有发生本质性改变，从来都是这样，不是一个人在原有领域把原有的人挤掉，而是新的战场扩大，新的玩家占领了新的战场。创新永远在边缘。

但是在互联网和非互联网领域，正在出现新的结合方式。以在线旅游行业为例，携程合并去哪儿看起来大局已定，但是海航投资了途牛，万达投资同程，随着传统巨头的进入，这个行业会产生新的变化。

——2016 年 1 月 28 日，《财经》专访王兴

背景分析

与大众点评合并之后，竞争就此消弭了吗？

三个月后，王兴给出的答案是并没有。在一个看起来大局已定的战场，或许内部不会出现颠覆性的力量，但是在战场的边缘，创新如同雨后春笋一般不断涌现，这些创新者开辟出了一片新的战场。为了生存，老的胜利者们和新的创新者们又将在新的战场上相遇。

行动指南

竞争总是从意料不到的角度现身。

3月 12日 来自垂直型公司的竞争

我觉得这个阶段首先是更担心平台型公司（O2O公司的竞争）。当这个事情大局已定时，后面的就不太再想挤进来做平台型竞争，而是会做垂直的事。这个时候如果它能够把垂直做得很好的话，你是无法遏制它的。

——2016年1月28日，《财经》专访王兴

背景分析

O2O战场硝烟弥漫，在美团点评接受了腾讯投资之后，为了抢占一席之地，阿里巴巴、百度、京东等多家行业巨头发足狂奔。百度在半年前提出要在未来3年内向糯米追加200亿元投资，百度外卖完成了2.5亿美元融资；同一时间，阿里巴巴重启口碑业务，携手蚂蚁金服向饿了么注资12.5亿美元；京东物流与达达合并成新达达，专注于众包物流平台以及商超生鲜O2O平台两大业务模块。

在美团与阿里巴巴、百度、京东等O2O平台竞争结束之后，一些垂直型的O2O公司可能会抓住一些机会，分走大平台的蛋糕，但显而易见，现在王兴更担心的仍然是来自大平台的竞争。

行动指南

竞争要抓住阶段性重点。

3月 13日 狭路相逢勇者胜

第一，（公司成长中）快是必要的。第二，竞争在某些时刻是非常残酷的。程维

打的 F1 赛车的这个比方，让我想起一个自己很受触动的片段，迈克尔·舒马赫和费尔·阿隆索在一个很经典的最后对决的时候，双方非常近，长时间齐驱并驾。就看最后关头，谁先松油门，或者谁先踩下刹车，决出胜负。

经过长时间僵持，激动人心的僵持，最后阿隆索胜出了。事后别人问他为什么，他说那一刻我是这么想的，就是大家都不松的话，可能车毁人亡，他有小孩，我没小孩，他应该让我。

这个是很极致的竞争场合，其实有点残酷，就拼这个。因为竞争到极致的话，对人性是一个考验。

但我也在想，当竞争到极致的时候，有可能出现另一个问题。拍卖行业有个说法可能就是 winner's curse（赢者诅咒），这是指最后拍到拍品的人很可能付出了过多的钱，这是拍卖行业里面一个比较经典的研究，如果大家疯狂地竞争，疯狂地竞争，疯狂地竞争，第一名就可能是用超出实际价值的价格获得了拍品，不太划算的。

——2016 年 11 月 21 日，乌镇互联网峰会，TMD[①] 对谈骆轶航

背景分析

有一种竞争叫做过度竞争，参与竞争的各方会因过度追求胜利而做出一些不理智的行为，舒马赫和阿隆索就是在这种心态下完成了这场对决。

在这场比赛中，双方都极度渴望胜利，竞争的激烈程度到达顶点，要进行对比的已经不是能取得的成绩，而是能承受的损失。所以到了最后，没有家庭责任的阿隆索获得了胜利。

公司之间也有可能进入过度竞争的状态，互联网公司之间的烧钱大战就是这样一个典型场景，进入烧钱环节后，各家公司之间不再考虑效率竞争，而是比谁的资本更充足，能烧的钱更多。竞争逐步进入非理性状态下，参与者通过烧钱得到的收益可能远远小于其带来的损失，赢家得到的也只是一场惨胜。

---

① TMD，指中国互联网公司三小巨头——字节跳动、美团、滴滴。

行动指南

竞争切勿过火。

3月 14日 战争没有终结

我觉得我们还不能算冲出来。道格拉斯·麦克阿瑟将军在西点军校的告别演讲里一句话给我留下的印象很深刻，他说："Only the dead have seen the end of war." 即只有死去的人才能看到战争的终结。虽然他是对军人说的，但是用这句话来形容中国互联网环境也差不多。

战斗是永远的。只是从一个战场变成另一个战场，从一个困难变成另一个困难，当然也从一个机会变成另一个机会，总是不断地变化，总是需要不断地往前。

——2017 年 4 月 26 日，"一 π 即合·华兴 π 对"，包凡对话王兴、张一鸣

背景分析

王兴曾在多个场合提起过《有限与无限的游戏》这本书，甚至给这本书的中文版写了推荐。书中的观点是，有限游戏是画地为牢的游戏，旨在以一位参与者的胜利终结比赛，人类往往被囚禁在有限的游戏中而不自知。有限游戏中的产物终结了其他可能性，而我们迫切需要一个"游戏观"的转换，即从有限的游戏转向无限的游戏。

在某次采访中，王兴谈到，在他看不下去这本书的时候，他直接翻到最后一章，看到了这样一个观点：实际上只有一个无限游戏，那就是你的人生，死亡是不可逾越的边界。

这本书改变了王兴对于边界与核心的观点，从这个角度来看战争，人们也就不必期待战争的结束，一场战争只是无限游戏中的一小部分，只要这个游戏进行下去，战争就会像车轮一样滚滚而来，永不止歇。

所以说，战斗是永远的。

除非对手彻底消失，否则竞争不会停止。

3月 15日 战斗与团队

我看过一本美国退役的特种兵指挥官写的书，书名叫 *The Mission, The Men, and Me*。mission 是使命，men 就是团队，最后才是自己。我理解的战斗就是 mission、men、me。

——2017年6月21日，《财经》，《对话王兴：太多人关注边界，而不关注核心》

背景分析

Pete Blaber 所著的 *The Mission, The Men, and Me* 一书，描述了一位美国三角洲部队前指挥官的真实战斗故事，并提炼了一套适用于战斗、商业与生活的简单而深刻的领导者理论。

书中提到过这样一个原则，一名有效的领导者要让团队中的每个人都清楚地了解目标是什么，要与整个团队进行开放式沟通，共享对现况的观察，在集思广益中领导者能够得到最好的反馈，团队能够通过共同努力达成最终目的。

这也是面临激烈竞争的商业组织所应遵循的原则。只有充分的信息共享才能打造出一支目标统一、动作灵活的行动小组，应对商业战场上复杂多变的战斗形势。

行动指南

这不是一个人的战斗，而应是一群人的战斗。

3月16日 不可胜在己，可胜在敌

一位参加过对越自卫反击战的投资人跟我说，多数人对战争的理解是错的，战争不是由拼搏和牺牲组成的，而是由忍耐和煎熬组成的。《孙子兵法》说过，"不可胜在己，可胜在敌"，确实团购的战争不是我们打赢的，不是我们打倒了对手，是他们自己绊倒的。

——2017年6月21日，《财经》，《对话王兴：太多人关注边界，而不关注核心》

背景分析

战争不是从头到尾打满鸡血地前进，战争是希望与绝望交替出现的过程，是在各种层出不穷的不利条件中寻求破解方法的过程。

决定胜利的最终因素还是在于自己。要立于不败之地，完全在于自己，要取得胜利，就看敌人什么时候失误。如果自己失误一次被对手抓住机会，可能再也扳不回来；但是如果能够忍耐煎熬，心理强大到不犯错，不给对手留机会，胜利就唾手可得了。

行动指南

我们得以胜利，不是因为我们做得更好，而是因为竞争对手做得更差。

3月17日 胜可知，而不可为

我们有积极的耐心。比如酒旅，在我们入场之前，携程只有小几万家酒店，还有几十万家还没去签，我们去了。用户从PC向手机迁移时，我们提供了更好的用户使用方式。同时我们一开始就IT化了，每一个订单的服务成本是比携程低很多的。所以，你理解以客户为中心就是理解业务的本质和关键。

《孙子兵法》还有一句话，叫"胜可知，而不可为"，你做得足够好，使自己立于不败之地，这不代表你能胜，只有当你的对手做了愚蠢的事情，你才能胜。比如，你觉得去哪儿是怎么输掉的？是因为它不够有耐心。

——2017 年 6 月 21 日，《财经》，《对话王兴：太多人关注边界，而不关注核心》

背景分析

忍耐不仅是一个动作，而且是一种心理状态。如果仅仅是为了忍耐而忍耐，那么即使对手出了错，可能自己也抓不住打击敌人的机会。

"胜可知，而不可为"，我们可以判断对阵双方的强弱之态，知道自己是否有胜利的可能，但是如果己方处于弱势，切不能焦躁妄动，强求胜利。

积极的耐心就在于，在等待中做正确的事。对美团而言，就是以客户为中心不断优化业务。去哪儿本来能成为一个边缘创新的成功案例，但是在增长问题上过于激进，对代理商问题处理不当，造成航空公司纷纷宣布停止合作的局面。强求胜利就会成为下一个"去哪儿"。

行动指南

在有利局面没有出现的时候，强行进攻是失败的前兆。

3月18日 合并的价值

所幸的是，从 2015 年 10 月到 2017 年 5 月——我们认为是第四阶段融合——目前来看还是进行得相当顺利的。在几场互联网大并购里面我们应该算是整合得相对顺利的。所以，我们一方面减少无效的竞争，另外一方面腾出更多的资源精力去探索更多的业务，因为我们面临的市场有如此多的机会，我们应该把最优秀的人员和资源都倾斜到新业务的探索上面去。这是我们的第四阶段。

——2017 年 10 月 19 日，王兴接受媒体群访

背景分析

美团与大众点评的合并标志着双方战争的结束。从 2003 年算起，美团团队和大众点评团队先后经历了头几年的尝试探索期，从 2010 年到 2012 年的千团大战期以及从 2013 年到 2015 年的双雄争霸期。合并给美团和大众点评带来的积极意义是，行业内耗停止，资源重新组合，全力向 O2O 上下游深入，有能力寻求更多新业务。随后美团开始了对即时零售的探索，迈向一片更宽广的海域。

行动指南

行业内耗型战争要尽快结束。

3月 19日 对手与敌人

竞，只是对手；争，才是敌人。//@ 王兴 竞争竞争，何为竞，何为争？同向为竞，相向为争。

——2020 年 5 月 31 日，王兴在饭否上的转发

背景分析

竞，是多方在同一条跑道上赛跑，每个人专注于自己的步伐，速度最快者拔得头筹，所以大家只是对手，不是敌人；争，是二龙乃至多龙抢珠，珠子只有一颗，赢得胜利的唯一条件就是其他人都失败，这属于零和博弈的范畴，所以大家是敌人，要互相打击。

行动指南

超越对手，打败敌人。

3月20日 勇往直前，绝不后退

"虽千万人，吾往矣"说起来当然豪气冲天，但关键是前面得有个"自反而缩"。

——2017 年 4 月 29 日，王兴在饭否上的发帖

背景分析

"缩"为理直之意。"自反而缩，虽千万人，吾往矣"，可以被理解为，经过自我反省之后，依然内心坚定，理直气壮，所以虽然面对着千军万马，我也要勇往直前，决不后退。

这段话出现在美团打车新业务上线，受到全网质疑的时刻。王兴深入到与美团的主营业务毫不相干的打车领域，与滴滴正面为敌，难免让人怀疑这一决策是否正确。

打车能不能成功，试一试才知道，正如王兴所说：如果一个人的视野只有 1 公里，那么站在起点看向前方，也只能看到 1 公里之内的事情；可在他向前走了 0.5 公里之后，他就能看到 1.5 公里之内的事情了。当然更重要的是，王兴深信，打车之于美团，并非完全不相干的业务，而是属于战略布局的重要一步，那当然不能轻易被别人的评价击退。

行动指南

优秀的决策者不会被外界评价动摇。

4月

团队建设

4月 1日 建立伟大的团队

　　我们判断一个人是否来美团网，关键不是他的年龄，是他的状态——有干劲，能够理解消费者要什么；有冲劲，朝九晚五不适合我们。那些愿意认同这个目标，愿意投入一切努力，去承担一切责任的人是我们需要的人。所以，团队建设，我们是靠心态，而不是靠年龄。

——2011 年 3 月，王兴内部讲话《团购是超完美的商业模式》

背景分析

　　现在社会中有"35 岁危机"，部分企业会将 35 岁以上的人视为没有拼搏精神的中年人，要么根本不招，要么予以辞退。但在王兴看来，年龄并不应该是一个门槛，真正的门槛是这个人本身的精神气质，是否真的愿意为了一个共同的目标付出努力，承担责任。《奈飞工作手册》一书中写道，建立伟大的团队，不需要靠激励、程序和福利待遇，靠的是招聘成年人，渴望接受挑战的成年人，然后，清晰而持续地与他们沟通他们面对的挑战是什么。

行动指南

为团队成员设置什么样的门槛，决定了这是一家什么样的公司。

4月 2日 团队要比资源更重要

创业人分为天派和地派，之前我一直被认为属于天派，最近很多人认为我是在向地派转。其实，我一向喜欢跳出问题回答问题，我觉得并不是只有天派和地派，可能还有一个人派。老祖宗说"天时不如地利，地利不如人和"。我觉得在这个事情里面，时机很重要，这些资源很重要，但是更重要的是这个团队。

——2011年3月，王兴内部讲话《团购是超完美的商业模式》

背景分析

市场上有这样一个观点，创业者分为天派和地派。天派就是融资能力大于赚钱能力，有天马行空的互联网思维，爆发力很强，但是稳健性不够。地派要慢慢做，不融资，把公司做成百年老店，但是爆发力不够。

王兴认为自己既不是天派，也不是地派。他把建设团队提到了第一位。天时、地利、人和，对这三个因素在创业中的重要性，不同的人有不同的看法。有天时加成，就是"风口上的猪"，自然无往不利；占地利优势，能够拿到别人拿不到的资源，有先手机会。

但王兴认为，有一个好的团队，是比这两者更重要的。风口可能快速消失，资源不是恒久优势，但是打磨出来的优秀团队，能够不断寻找新的风口，不断获取好的资源，这就是人派最大的底牌。

行动指南

想要创造伟大的事业，必先组建伟大的团队。

4月 3日 股权激励

因为整个事情是大家一起做出来的，美团最重要的产品、最重要的资产都是人，我们希望上市的时候一方面给公司带来资金，另一方面能让大家分享这个胜利的果实。所以在2011年下半年的时候，我们第一次有了全员持股计划；2012年7月，我们还会进一步进行股权激励。

上一次全员持股计划是一个普及性的计划，只要加入公司一段时间，足够长的时间，每个人都有，但那是非常平均的，是大锅饭的形式。在2017年7月份的期权激励计划里，我们希望我们能够对各个部门、各个岗位、各个人的状态和贡献有更好的、科学的评估，同时我们要能够根据这些情况去更多地奖励、激励为公司做出重大贡献的人。

——2012年3月，王兴内部讲话《如何度过行业寒冬》

背景分析

王兴看重团队的作用，而要提升团队的凝聚力，形成与公司荣辱与共的共同体，不仅需要共享同一个使命，还要有相应的经济激励手段。

2011年下半年，美团成立不到两周年的时候，公司人数还不多，加上大部分人都算得上是早期员工，所以当时采用了大锅饭的方式分配股权，培养全公司上下同心同德的斗志。到了2012年下半年，员工数量越来越多，表现参差不齐的现象越发突出，这时候分配股权就不能再采用大锅饭形式了，因为大锅饭会挫伤员工的积极性。根据部门、岗位、个人贡献等评估手段来发放股权，能够更好地推动优秀员工向前，也让其他员工受到鞭策。

行动指南

做好股权激励是增强公司战斗力的重要手段。

4月4日 晋升激励

在过去的一年里，我们提拔了很多人，在 2014 年我们会开发更多城市，会有更多业务，会有更多机会，希望大家经历过去四年、三年、两年的锻炼之后，在公司有新的业务拓展，不管是地域上的拓展，还是业务上的拓展，有机会的时候能够勇敢地站出来，去承担这些事情。当然，并不是有意愿就行，想抓住这个成长机会，得有足够的准备、足够的付出。

——2014 年 2 月，王兴内部讲话《"危·机"与"成长"》

背景分析

王兴在这段话中向员工表达了两点信息：第一，美团将会有大量的内部晋升机会，因为美团还处于扩张阶段，以后将会有足够的职位释放出来；第二，员工想要得到晋升，需要有勇气承担责任，还需要个人能力的成长。

这段话对普通员工起到了激励作用。另外，美团作为一家快速成长中的企业，也需要从员工中培养大量中层管理人员。

行动指南

培养管理人员的第一步，是给他们成为管理人员的希望。

4月 团队是 CEO 的责任
5日

我觉得当事情越来越多的时候，CEO 只能做一些无法让别人代劳的事情，一个是战略愿景和总体战略，第二个是团队，第三个是确保公司有足够的钱。只有这三件事情是别人无法代劳的。

我会关注一些任务，但是不是第一负责人。我觉得 CEO 直接跳进去做某个新业务并不是很好的事情。

——2014 年 12 月 31 日，《财经天下》对话王兴

背景分析

由于业务的成长，用户数量和商户数量也都在继续增长，团队规模随之扩大，CEO 的管理半径也越来越大，要处理的事情也越来越多。CEO 心中怀有为公司的一切事务负责的想法，很容易就让自己陷入各种各样的杂事中去。

好的 CEO 应该及时从各种混乱的日常中挣脱出来，明白自己的真正责任，这三件事是 CEO 最应该花时间处理的，就是公司未来的战略、团队的构成、公司的资金。这是公司内部其他任何人都无法从事的工作。

至于具体的业务，会有相应的业务老大负责，其他事情，也都能找到合适的负责人。CEO 的任务是找到这些能负责的人。

行动指南

CEO 的工作是找到为自己工作的人。

4月 6日 引入外部经理人

我倒不觉得我的心态发生变化，我觉得根本上没有发生变化。但是，随着公司的团队规模变大，每个人在承担的事情会发生变化，我认为是很常见的问题。一个公司高速增长之后，最理想的情况是所有人都随着业务成长高速成长，你从最下面补充人。我们这个行业的特征是快速成长，不是每年百分之几的成长，而是几倍的成长，这个时候你要跟上市场或者引领市场的成长，你要是 market leader（龙头企业），那么人的成长速度是更快的。所以一方面我们尽量给大家提供机会，帮助大家尽量快地去成长；但另一方面我们还要引入一些人，也不能完全靠内部人员成长起来。所以这时候就会有一些摩擦，这也是正常的。

——2014 年 12 月 31 日，《财经天下》对话王兴

背景分析

2014 年 12 月前后，美团经历了人事震动，从美团创立早期一直担任销售副总裁的杨俊悄然离职，团购销售团队也出现一波离职潮。

外界对此有种种猜测和评论，说美团在谋求业务多元化的过程中，由于引入外部职业经理人，公司内部出现了人事斗争云云。对此王兴并没有完全否认。美团是一个快速成长的公司，不仅团队成员的能力要求飞速提升，对人才的需求也是成倍递增。外来的高管因为工作风格等与内部高管产生摩擦，可以说是相当常见，这并不代表美团发生了什么内部危机，也无须讳言。

行动指南

团队出现内部矛盾是正常现象，领导者不要做过激反应。

4月 7日 团队管理是大事

　　第二个遗憾，还是跟人才管理相关。因为在过去一年的时间里，我们的队伍有进一步的扩大，我认为我们做了很多的努力，总体的结果是好的，但我觉得我个人在管理方面还是进步得有点慢。可能很难解释这个事情，我只是回头看有些事情是有可能做得更好的，这只是我在一个逐步蜕变成长过程中的感想。

——2015 年 1 月 18 日，王兴接受媒体群访

背景分析

　　2014 年年底的人事变化开始让王兴重新思考美团的管理问题。美团的成长是惊人的，此时美团已经有 40 名区域经理、200 多名城市经理、800 多名主管，设立了外卖配送事业群和酒店旅游事业群。随着管理规模的持续性增长，组织管理难度呈几何级增长，对管理者的沟通能力、问题解决能力、资源协调能力、领导力等都提出了更高的要求。

　　王兴察觉到了自己在管理层面上的一些不足之处，并且对过去的处理方式进行了反思。这种反思同样助推了他本人的成长。

行动指南

　　领导者不要高估自己的管理能力。

4月 8日 达成目标的关键

　　这个目标能够达成的关键是团队，在过去几年里，我们的人员在成长，团队也在

成长。但是回头看的话有些惭愧，很多事情我们可以做得更好。达成 1300 亿元的目标，这需要各个部门、各个业务团队通力合作，继续保持过去正面的东西，去改造我们的不足。我们 2015 年新开很多城市，还没有深挖，即使去深挖，很多产品只是在尝试，还没有完全确立，2015 年应该进一步开花结果。这些所有事情合在一起，帮助我们实现 1300 亿元的目标。所以，今年很重要的一个事情是建平台、建生态，调整组织结构。

——2015 年 3 月，王兴内部讲话《2015 年是 O2O 决战年》

背景分析

在刚刚结束的 2014 年，美团实现了 460 亿元的交易额，比起 2013 年实现了 180% 的增长。按照这个增长速度，2015 年理论上有机会实现 1300 亿元的目标。

有了目标，就有一个如何实现目标的问题。王兴给出了建平台和建生态的答案。美团之前做的主要是团购，偶尔在团购的基础上发展出某个垂直领域的特殊服务。但是想要谋求下一步的发展，要做到更好地以客户为中心，就要在多个垂直领域，结合行业特性，开发出新的服务模式。

吃喝玩乐的范围太广了，细分领域数量很多，新的模式层出不穷。美团需要越来越多的产品服务去满足用户的需求，去满足商户的需求，不同的产品、不同的业务需要平台。

这是公司整体战略的转移。企业有什么样的发展战略，就必须有什么样的组织架构与其相适应，且能够支撑企业战略的达成和实现。所以调整组织架构也成了美团的年度目标之一。

行动指南

及时调整组织结构，使之适应公司发展需要。

4月 9日 并购中的团队融合

过去我们"打了"很多年，大众点评是 2003 年成立，美团是 2010 年成立，后面"百团大战""千团大战"，到千家变五家、五家变三家、三家变两家，2015 年 10 月美团和大众点评合并之后，就像两条大河汇在一起。我们花了三个季度的时间基本完成了团队融合，团队融合很重要，也很不容易，但是公司永远要对外创造价值，过去有那么多同事共同努力，我们有了一个不错的基础，我们完成了这个融合，获取了更高的市场份额，那之后，我们要继续证明自己的价值，我们要真的对外创造价值，并通过创造价值兑现我们自己的价值。这时下半场刚刚开始。

——2016 年 7 月，王兴内部讲话《中国互联网已经进入"下半场"》

背景分析

大众点评的员工和美团员工有着不同的企业文化、不同的价值观，业务重复，岗位重叠。两者的合并，就像是要把两列高速行驶、方向不一致的列车引到一致的方向上并排行驶，还不能起摩擦，最后使其逐渐融合成为一辆超级列车。其中有许多艰难之处，人员的处理和组织的调整是关键，美团也是花了三个季度的时间才最终完成。

美团点评前 COO 干嘉伟曾说过，合并的过程就像是"一边开飞机，一边换引擎"，事实证明，这场融合卓有成效，不但没有耽误开飞机，还获得了动力更大的引擎装备。这是美团接下来能够继续面对挑战，快速发展的基础。

行动指南

只有团队充分融合，才能发挥并购的价值。

4月 11日 迈向"互联网+"

如果这个能力，同行对手都没有，那倒不用太担心，我相信我们团队的学习热情、学习能力，同时我们在服务业的各个细分领域多少还都有些积累，如果彼此借鉴，综合起来一起推进，我们是有机会比较快速地具备这种能力的，或者说比别人更早、更好地获得这种能力。这就是一个很好的出发点，是我们随着中国互联网进入下半场的出发点。

——2016年7月，王兴内部讲话《中国互联网已经进入"下半场"》

背景分析

"这个能力"，指的是完整的深入行业的能力。王兴看到，未来的机遇在各个行业从上游到下游的产业互联网化的过程中，不是在最末端做营销、做交易的一小段，而是要真正使用互联网技术和IT技术，全面提升产业链运转的效率。

这场"互联网+"的竞争还未完全展开。互联网公司普遍缺乏与传统行业打交道的经验和能力，谁都没有完整的深入行业的能力，可以说，大部分公司还处于同一条起跑线上。谁能够快速、果断、高效地转身，谁就能够在这场竞争中获得优势。美团的优势就在于团队具备超强的学习能力，因为全员都崇尚不会的事情马上学，这是王兴的底气所在。

行动指南

团队的学习能力是公司应对变化的底气。

4月 12日 打造学习型组织

两方面，内部和外部。内部的话，永远是我们团队的成长速度。我们看到的市场机会如此之大，我们可以做也应该做的事情如此之多，但必须有一个很强的团队，自上而下，大家都能够很好地成长、做事。但人的成长总是有一定速度的，如何保证我们总体是一个学习型的组织，能够承载起这么多的事情，这是内部的挑战。

当然外部的就不在我们可以影响的范围之内，包括整体的经济形势以及国际的因素。就像前几年智能手机出来之后，大家发现原来在移动互联网时代，像诺基亚等全都不行了，大家从 iPhone 起全都重新开始。未来新一代的东西出现是有可能的，例如亚马逊（Amazon）做的 Echo、Alexa，新的语音交互产品或者其他人工智能应用都有可能造成重新洗牌。

——2017 年 4 月 26 日，"一 π 即合·华兴 π 对"，包凡对话王兴、张一鸣

背景分析

王兴在大学时代参加过清华大学科技创业者协会，协会内部有一段时间流行阅读《第五项修炼：学习型组织的艺术实践》一书，该书讲的是要建立学习型组织，每个人都要参与识别和解决问题，使组织得以自主进化。

这本书作者是著名的管理学者彼得·圣吉，学习型组织是管理学中的经典概念。虽然王兴一直在践行这一理念，但是将一家拥有数万名员工的团队打造成学习型组织，仍然是不小的挑战和困难。

打造学习型组织需要进行五项修炼：第一项修炼是自我超越，第二项修炼是改善心智模式，第三项修炼是建立共同愿景，第四项修炼是团体学习，第五项修炼是系统思考。

行动指南

打造学习型组织需要长期坚持。

4月13日 与最优秀的人合作

创业初期高管是同学不是再自然不过的事情吗？谷歌是两个同学创业，雅虎是两个同学创业，微软也是。我一离开学校就创业，不认识任何人，只认识同学。当然现在高管团队早就不只是同学了，有原来美团的高管，有原来点评的高管，也有从腾讯、百度和其他公司过来的优秀同行。

——2017年6月21日，《财经》,《王兴：太多人关注边界，而不关注核心》

背景分析

美团联合创始人杨锦方曾经告诉笔者他加入美团的经过。他认为，要想成就一番事业，一定要与最优秀的人合作。而在他的朋友圈内，他最看好的人就是他的校友，曾经的人人网创始人王兴。他主动找到王兴，了解了王兴新的创业计划，随后便加入一起干了。

王兴毕业于清华大学，周围的同学包括王慧文、杨锦方、穆荣均等人都是非常优秀的人才。选择与这些人一起创业，既是因为王兴与他们之间彼此熟悉，有很高的信任度和配合度，也是因为这些人都有不错的能力，同学身份并不是他择人的标准。

行动指南

举贤不避亲，创业也是如此。

4月14日 人才不能速成

最关心团队成长的问题，因为一方面我们面临大量机会，我们也有很好的战略位置，另一方面我们有足够的钱，我们的现金流已经转正。现在最大的瓶颈就是人，而人的成长是不能速成的。至于我不关心的问题，当然我也不知道它的存在。

——2017 年 6 月 21 日，《财经》,《王兴：太多人关注边界，而不关注核心》

背景分析

2017 年 1 月，王兴以内部信的形式，宣布餐饮、酒旅、综合（餐饮之外的本地生活服务）三驾马车形成，这也再次强调，美团的下半场就是"互联网+"，就是要通过互联网和生活服务各垂直行业的深度融合，服务于我国现代服务业的升级，以满足人们不断升级的消费需求。

美团的战略定位是一家本地生活服务类电商。和其他互联网公司相比较，以向本地商家提供营销和销售服务起家的美团有着天生的优势，因为美团在吃喝玩乐领域深耕了 7 年之久，与商家联系更紧密，还有着大量沉淀的消费数据，这些资源是美团深入生活服务各垂直行业的基础。

不管战略多么巧妙，战术的执行永远需要优秀的人才。企业每一个关于"做什么"和"怎么做"的决定，都要转化为"谁来做"的问题。所以王兴最关心的仍是团队成长的问题。

行动指南

人才比战略更重要。

4月 15日 创业最重要的是人

创业最重要的不是钱，创业最重要的是人。不光是你一个人，你需要建团队，团队的团队，不断地扩展整个公司。那么对于北京，我可以相当有把握地说，它不但是全中国最适合创业的城市、人才资源最丰富的城市，而且可能是全球现在最适合创业的、创业人才最聚集的城市，至少是前两名，而且很有可能是第一名。

——2020 年 9 月 12 日，HICOOL 全球创业者峰会，王兴演讲

背景分析

《卓越基因》一书中提到，成为一家卓越公司，要先人后事，人才优于愿景、战略、战术，排在创业者清单的头号位置。

王兴的建议是，在人才最密集的地方，找到合适的人才概率更大。北京就是一个创业人才最丰富的城市，在北京最容易找到优秀的创业者。

行动指南

在合适的地方找人，远胜于满世界毫无头绪地乱找。

4月 16日 成熟期的人才建设

我现在更多思考的是组织和人才这件事。公司在初期，发展跟风口和机会相关。公司越需要可持续发展，就越需要把组织建好。组织上，现在更重要的是吸引和保留一批人才，大家尽可能求同存异。

一家公司发展到七八年，文化开始真正形成。我们就在这样一个阶段，我认为这是对公司发展非常关键的时期，未来两年会奠定公司 5 到 10 年之后的局面。这是真正组织成形的时候。

——2019 年 10 月底，美团内部培训

背景分析

在美团的人才梯队建设中，王兴多次强调长期有耐心的价值，这包含两个方面：一

方面，组织要对个人有耐心，要给出成长的时间和机会；另一方面，是个人要对组织有耐心，要耐得住工作，相信会从组织中得到个人发展的机会。

公司越是到了成熟期，就越需要组织的稳健和人才梯队的合理配置。因为公司在快速发展期，一切问题都会被发展掩盖，发展节奏放缓之后，一些隐藏在表面的矛盾就会凸显，需要依靠更强的组织韧性来解决矛盾，推动进步。

行动指南

公司不能一直依靠风口，在创业公司成长到一定阶段，风口势能的作用效果已经微乎其微的情况下，组织和人才就成为公司未来发展的依托。

4月17日　苦练基本功

从商业历史来看，绝大多数公司之所以失败不在于没掌握高难度动作，而是基本功出了问题。基本功就是业务和管理的基本动作，把基本功练扎实，就能产生巨大价值。如果对我们的业务不断进行动作拆解，就会发现业务最后都是由各项基本功组成的。在互联网上半场，基本功不太好，还可以靠红利、靠战略、靠资源带动快速发展，但到了下半场，基本功不过关，活下去都很难。

但是要想练好基本功，并非一日之功，而是一个长期的事情，甚至可以说是企业全生命周期的事情。苦练基本功，"苦"是指我们要调整好心态，这不是一件满足新鲜感的事情，甚至可能有些枯燥。我们要努力建立好的机制，让"苦"转化为大家的成就感。"练"是核心，知易行难，看起来简单的动作要重复做、反复做，要争取一遍比一遍做得更好。每天提高一点点，只要能坚持，就能产生指数效应，将我们的能力提高一大截。

我们要苦练基本功，把基本功内化成为我们组织的能力。把基本功练扎实，我们就能赢99%的事情。

——2019年2月4日，王兴除夕内部信

背景分析

2018 年年底，王兴在饭否上发了这样一句话："听到一个段子：2019 年可能会是过去 10 年里最差的一年，但却是未来 10 年里最好的一年。"

由此可见，王兴认为未来短期的经济形势不算乐观，中国经济已经进入新常态，新时代更需要耐力型长跑选手，需要具有能够穿越周期能力的企业。为此，他督促全公司上下都要苦练基本功，即使在以后的困难时刻，也要保持动作不变形，心态不失衡。

美团的基本功包括：

1. 通用基本功。包括写作、沟通、会议三个方面；

2. 专业基本功。各个岗位，比如产品、运营，都有基本功。每项工作中的基本能力需要自己修炼；

3. 管理基本功。包括自我管理、团队管理等基本能力。比如通过定目标、追过程、做复盘管业务，通过组织分工和选用育励汰管团队。

行动指南

打造精英团队，穿越经济周期。

4月 19日 核心团队的管理

再后一步是"齐家"。对创业者而言，家就是你的直接下属，因为不管公司规模多大，CEO 能直接管的人都是有限的，也就 7 个左右。直接下属就像是你的家人一样，不管你的公司规模多大，个人精力是有限的，他们的质量、投入度、成效对你的"治国""平天下"的计划有至关重要的影响。

"齐"怎么理解呢？有几个意思。一个是你要配齐这个团队，因为创业公司需要不同职能，很难有一个人在各方面都是天才，所以创业是需要团队配合的，各个角色得配齐。这点非常重要，否则会影响整个公司进展。

第二个意思是"regulate"。很有趣的一种做法是，你去读《大学》英文版。因为有时候我们太熟悉一种语言了，反而忽略了它原本的意义；而老外在翻译的时候，一定是把它搞明白，选一个最准确的翻译。《大学》英文版用了一个"regulate"来表述"齐"，"regulate"，即规律监管，听起来有点奇怪，但很有道理。团队十几个人，虽然人数很少，但是大家想法是不会完全一致的。你怎么样使大家的想法尽可能一致？就是心要齐。每个人能量越大，其实最后的合力并不一定越大。每个人能力要强，用力的方向要一致，才能把事情往前推。

另外一层，是说你要想办法在对待他们的标准上一视同仁，要公平，要让整个这个事情是有秩序的，这个标准是要对齐的。那么你能把身边的人带好，让他们很相信你，而且愿意投入。这样他们一层层地往下影响。

这是"齐家"的意思。

——2014 年 12 月，源码资本第一届"码会"，王兴演讲

背景分析

创业公司的核心团队，是由创业者和向创业者直接汇报的下属组成的。小米成立之时，有林斌、黎万强等一起跟雷军喝小米粥的队伍，后来多看科技被收购，王川加入，组成了"小米八大金刚"。阿里有"十八罗汉"，百度有"七剑客"，这些都是创业者的基本盘。

如何管理这支小队伍，也是对创业者的考验。他们人数少，关系有亲有疏，能力有强有弱，但都是公司的核心层。如何让大家能够劲儿往一处使？王兴提出：第一是要心齐；第二是要公平。

行动指南

管理的第一步，是把身边的人带好。

4月 20日 管理者的作用

管理，既是通过团队拿结果，也是帮助下属出业绩。

——2019 年 6 月 26 日，王兴在饭否上的发帖

背景分析

在一个团队之中，每个人各司其职，做好自己的工作，为什么还需要一个领导者的存在呢？因为在内部协作的过程中，团队成员之间要对齐需求，要做好交接，要安排好工作流程，如果每个人都要花时间沟通，那整个团队就会极其低效。在与外部协作的过程中，成员之间的信息壁垒也会拖慢工作效率，甚至降低团队信誉。

管理者的存在就是为了解决沟通和组织的问题。管理是为了寻求成功，管理者的成果通过团队成员实现，帮助下属工作也是分内之事。

行动指南

管理者是团队的监督，也是团队的助手。

5月

个人成长

5月 1日 招聘指南

我们有许多年轻的员工，2010年刚刚毕业，或者还没有毕业，在大四的时候就加入美团网，他们第一份工作就在美团网。之前没有工作经验并不要紧，他们有冲劲，而且他们跟美团网服务的人群比较契合，他们知道消费者要什么，知道去找什么样的商家。所以他们加入美团网，到后面开拓外地市场，这样一些年轻人不到一年的成长历程给我们很大的惊喜，也让我们知道，在这个行业里面年轻人是有机会的，年轻人是有优势的。有激情，有干劲，这个事情并不难。

——2011年3月，王兴内部讲话《团购是超完美的商业模式》

背景分析

公司构建竞争优势、持续创造价值，只能靠人。新手创业者可能会有这样的问题：创业公司应该找什么样的人？年轻人工作经验不足怎么办？新进员工应该具备什么样的能力？美团一周年时，王兴总结了一下当时的情况。

团购需要大量做地推销售的员工，美团招来了许多刚毕业，甚至还没毕业的大学生，比如美团10号员工，现在的水滴集团CEO沈鹏。他们或许没有经验，也不懂得销售，但是他们有一腔激情，对市场也有天然的敏感度，他们的成长超乎想象。年轻人的经验和能力都是次要的，激情和干劲儿才是最重要的。

行动指南

年轻人的激情能够创造奇迹。

5月 2日 超越阿里巴巴的办法

我们团队很年轻，年轻有一个好处就是学习能力强，我们可以充分学习所有的东西，我们可以从阿里巴巴学习很多东西，但是最终我们一定要超过阿里巴巴。我们要向任何一个对手学习，任何一个同行学习，但我们最终的目标应该是超越它们，这是整个公司的目标，也应该是每个人的目标。不管你在哪个岗位上，总有办法可以做得更好，学习新的东西，目标是超过对手。

——2012年3月，王兴内部讲话《如何度过行业寒冬》

背景分析

摩托罗拉创办人保罗·高尔文有一项管理绝招：制定要挑战的目标，赋予员工沉重的责任，以便刺激组织和员工成长和学习，而且经常是借助失败和错误学习。王兴这段话与保罗·高尔文的话有异曲同工之妙，超越阿里巴巴就是王兴为全体员工设立的目标。

行动指南

有目标更容易刺激学习欲望。

5月 3日 人是美团最重要的产品

提到目标、耐心以及我们怎么去做之后，我反复强调的另一点是：人是美团最重要的产品，也是美团最大的资产。因为我们并不拥有厂房、仓储物流中心或大规模的固定资产，我们所有的资产就是人。所以，我们要实现目标，不管是 2013 年的目标、2015 年的目标还是 2020 年的目标，一个值得我们为之而努力的目标，我们最重要的投入一定会在人上面。包括各个部门，包括各个层级、岗位，公司会优化变化，每个人也需要优化变化，我们需要招更好的人，我们需要给所有的人提供更好的培训，以及更好的激励，让每个人都有更好的成长。所以在这一点，我不光要感谢在场的同事，还应该感谢那些曾经和我们共事但是已经离开的同事。

——2013 年 2 月，王兴内部讲话《O2O 是一个数万亿的超级"大蓝海"》

背景分析

对于人的重要性，市场上一般有两种观点：一种是，人是公司最重要的资产；另一种是，人是公司内部最重要的产品。这两种观点的主要差别是，资产可以从外部收购，但是产品只能内部生产。

王兴鼓励公司员工通过学习得到进步，在公司内部培养学习氛围，提供更好的学习条件和激励条件。

内部培养人才的优势是，这些人对公司整体情况，不管是商业模式、价值观、业务进展等都有较为深刻的认识，对公司文化和愿景有较高的认同感，可以成为中高层管理人员的后备军。

行动指南

以打造产品的心态来培养人。

5月 4日 个人成长最大化

所以我认为大家今天在这里，是一件非常幸运的事情，因为大家做出了正确的选择，进入了一个正确的行业，这个选择可能比你其他很多努力都更重要。因为当你处在一个错误的行业、低速增长的行业，你做的很多努力，都是被打折扣的事情。而你在一个高速成长的行业、公司里面，你愿意付出自己的努力，去推动公司成长，个人成长会和公司成长、行业成长叠加在一起，你就会有最快的成长。

——2014 年 2 月，王兴内部讲话《"危·机"与"成长"》

背景分析

早期的美团内部，经常有这样的人物事迹，某一线地推人员，入职一年半，连升三级，成为区域经理。沈鹏就是其中典型。2010 年年初，沈鹏大学还没毕业，以实习生的身份进入美团，11 个月后由于成绩显著，被任命为天津城市经理，拿着公司拨的 5 万元经费一个人去了天津，第一个月就把天津做成了全国业绩第二的城市，之后成为外卖业务全国负责人，打出了一场精彩的外卖战争。

沈鹏的成长就是王兴观点的完美验证。他个人的成长，离不开公司的成长和行业的成长，三者叠加在一起，让一个 20 来岁的年轻人成了国内最成功的行业领军人物。

行动指南

一个人的成长离不开平台的助推。

5月5日 读书的意义

依然尽可能地多看书，哪怕一本书看起来跟我们的工作没有任何直接关系，我觉得这是一个人心灵层面的成长，它跟公司或者跟我们具体干什么事情没有关系。可能我是一个这样的人，就是这样一个人，不管我是美团的CEO还是我干别的事情，有一些东西不会改变，那就是我对事物充满好奇。有些事情对我来讲它的乐趣在于了解它本身，了解它可能也没什么用，我也不在乎它有没有用，比如我看书会看一些跟业务没有什么直接关系的。

——2014年12月31日，《财经天下》对话王兴

背景分析

美团是一家强调读书学习的公司。王兴、王慧文等人都喜欢读书，王兴更是多次在美团内部推荐书籍，因此内部形成了"四大名著"的说法，分别是《高效能人士的七个习惯》《学会提问》《金字塔原理：思考、表达和解决问题的逻辑》和《用图表说话：麦肯锡商务沟通完全工具箱》。

读书在王兴看来是提升自己的有效手段，在一次分享会上，他说道，要在选书上多投入，多花时间，要读经典和基础的书。

好奇心，是一个人认知成长的原动力。有了好奇心，才有探索欲，才能走出舒适区，学习新知识，主动拓宽自己的人脉，学习新的技能，开阔视野，成长进步。

行动指南

学会读书，是最具性价比的成长办法。

5月
6日 思考的价值

当我认为一个事情很重要，而且能帮助他们成长，我会倾向于给他们思考的方法而不是答案。因为我的速度再快、决策质量再高，能做的事情也是有限的。

——2017年6月21日，《财经》，《对话王兴：太多人关注边界，而不关注核心》

背景分析

王兴推崇思考的价值，如果说读书是一个认知的来源，思考则是使认知内化的有效手段。真正的高手都能够看透复杂事物，直抵本质，高效解决各种问题。

管理者到底需要一群听话不乱动的羊，还是一群能独立打仗的狼？不同的公司有不同的选择。有些管理者强调令行禁止，全公司上下如臂使指，员工没有多余的想法；美团则希望每个人都能有自己的思维方式，成为自己的管理者，有独立解决问题的能力。CEO思考问题的效率是有限的，不可能面面俱到，如果每个人都能贡献一点思考，全公司的效率就能百倍地提升。

行动指南

员工的思考是公司的宝藏。

5月
7日 愿意思考的才是好员工

我们愿意反复筛选，反复培养愿意思考的少数人。如果有人不认可，他可以不加入这个公司，我们不需要讨好所有人。

——2017年6月21日，《财经》，《对话王兴：太多人关注边界，而不关注核心》

王兴曾经说过一句话，为了逃避真正的思考，人们是不惜采取任何手段的。

思考是一件高耗能的工作，而且缺乏及时有效的正向反馈，主动思考是一项违背生物本能的行为。但是一旦训练有素，有了思考能力，一个人就可以不断大量吸收新知识，塑造完善的逻辑框架，不断迭代复盘知识体系，从此成长就会没有边界。

愿意思考的人不多，但是美团只需要愿意思考的人，不需要只会服从命令的人。这就是美团的基因，美团愿意花成本去培养这样的人。

行动指南

把培养成本花在愿意思考的人身上。

5月 8日 顶尖人才的特征

一方面，top 这个词，可以把它分解成三个词——talent（天分）、opportunity（机会）、patience（耐心）。这个人需要有天分、有才能、有合适的机会，同时还要有长期的耐心才能成长起来。当然我认为自己确实是很幸运的。

另一方面，因为美团的业务足够复杂、足够完整、新业务足够多，管理层有机会像 CEO 一样，真正接近商业的本质，思考很核心的问题。

——2017 年 6 月 21 日，《财经》，《对话王兴：太多人关注边界，而不关注核心》

背景分析

什么样的条件造就顶尖人才？从自身的成长来看，王兴总结了三个要素：天分、机会、耐心。

天分排在第一位，这并不是要求一个人天赋异禀，是举世难逢的天才，而是一个人要有基本的能力和智力，拥有自我成长的基础条件。

机会是领导者的舞台。把一个有天分的人放到一个合适的位置上，就像是把一棵树种在了合适的土壤中，它能够从土壤中吸收养分，从空气中获得阳光。如果把这棵树放在水泥地上，它是没有机会长大成材的。

耐心则是每一个成功者的必要条件。罗马不是一天建成的，顶尖人才也不是一天就能成长起来的。有了耐心，一个人才能够在日复一日的枯燥工作中不断沉淀，获得认知积累和能力跃迁。半途而废的人永远没有机会成为顶尖人才。

行动指南

要想成为顶尖人才，先考虑这三大要素：天分，机会，耐心。

5月 9日　别太不把自己当回事

但是我相信你们中的绝大多数人跟我当年一样，在进入清华之后遭受很多冲击，或者是一连串的打击，所以三年、四年甚至更多年下来，你们在清华受到的磨炼会在锻炼你们的同时，也消磨你们一些志气，会让你们觉得你只是一个非常普通的，而且在各方面面临很多挑战、很多挫折、很多困惑的学生。当你即将离开校园的时候，当你走出校园的时候，你不知道迎接你的是不是挑战更大的社会，是不是更加难以接受的一些疑惑。我相信有这个想法很正常。所以我想提醒你们：别太不把自己当回事。

——2017 年 9 月 27 日，王兴在清华大学的演讲

背景分析

成年的第一步是摆脱精神上的自恋。

每个孩童在成长过程中，都需要依赖"夸大的自体"和"理想化的客体"来完成自我塑造。因为孩子要高估自己，才会有动力去向上成长；高估周围环境和他人影响，内心中才会产生安全感。显而易见，孩童的这种心理投射是不符合现实的，所以在离开

理想化的环境时，周围的人都在评价自己，其心理受到冲击，"夸大的自体"被刺破，很容易心理失衡，产生自卑心态。

所以王兴在演讲中给走入大学校门的清华学生的第一项建议就是，别太不把自己当回事儿。虽然你没有那么强，但是周围人的想法也没那么重要，正视自己和他人，是成熟的第一步。

行动指南

成年人要做到正确评估自我与外在的关系，才能做出恰当的决策。

5月 **10**日 别太把自己当回事

这个可能是我们清华的学弟学妹们尤其要面对的事情，不光智商要高，情商也要高。情商高一个很重要的点就是能够吃苦耐劳，能够从底层做起，不然就有可能像之前在华为的清华同学一样，不见得能够发挥得最好，在其他很多竞争很激烈的、需要以客户为中心的、很需要长期艰苦奋斗的地方，清华的学生也不见得能够发挥得最好，那将会非常遗憾。

所以这是我的第二点建议，也别把太把自己当回事。

——2017 年 9 月 27 日，王兴在清华大学的演讲

背景分析

缺少实践的人很容易犯的一个毛病就是眼高手低，看着他人做事很容易，等到自己上手的时候才会知道有多难。清华是中国的顶尖学府，能够在清华读书的学生都有着不错的智力和理解力，很多事情都是一学就懂，这种情况下就容易生出浮躁心，不肯多花心思，踏踏实实地干下去。

但是社会和大学校园是不同的，社会需要的是真正做事的人。不肯沉下心，嫌东嫌西的人是不会成功的。所以王兴给出了这样的建议，别太把自己当回事。

行动指南

凡事知易行难。"纸上得来终觉浅，绝知此事要躬行。"

5月 11日 别太把别人当回事

第三点建议可能更加有争议一点，就是也别太把别人当回事。

因为这个时代变化得如此之快，所以可能你周边的很多建议，不管来自过去的专家，还是你后来面临的环境的同事、老同事，甚至是上级，他们的意见、他们的经验不一定是对的，这个是我们时代特有的问题。

200年前，工业革命之前，可能人们生活是没有什么变化的，变化很慢。但是后面完全就是呈几何级增长，尤其是最近几年，时间变化是如此之快：一方面是科技的变化，以摩尔定律为底层的持续五十几年的变化；另一方面是跨国企业、整个全球化的进展，会使得不管是在技术方面，还是在文化方面，大家都面临前所未有的冲击。

2016年特朗普能够上台大家很明白了，别太把原来的建制派当回事，看起来共和党如此强大，其他的美国传统的政治基础是如此牢固，一个外来的人，从来没有任何从政经验的人，居然靠发推特，靠各种吸引人眼光的方式当选了美国总统，这是一个极好的例子，对证明之前所有的事情都不必太当回事。可能在发生之前，大家都觉得是不太可能的事情，但之后却认为这几乎是理所当然的事情。所以这个事情会发生在工作的方方面面。

所以一个最极端的事情的讲法是，学习分几种：一种叫往前学，向长辈学习；一种是平行学，你要跟同辈人学习；但有可能我们即将进入一个社会，你要向下学，向更年轻的人学习，因为你过去的很多经验会迅速过期。所以这就是我一开始说，你们比我年轻十几20岁，你们前面有非常非常光明的未来，有很多东西我们跟你们一起学习。这是我的第三点，别太把别人当回事。

——2017年9月27日，王兴在清华大学的演讲

背景分析

现在这个时代，每5年就会大变样。以前媒体区分年轻人，以10年为一个断代，年轻人被称为"80后""90后"；现在则是以5年一个断代，年轻人被分为"95后""00后"。

时代发展太快，造成的一个问题就是，前辈的经验只是适用于他们那个时代，而不适用于年轻人踏入社会的当下。大学生们刚出学校，还没有什么经验的时候，盲目崇信前辈的话语，可能也会出问题。

前人的经验可以作为参考，同辈、后辈的经验也可以作为参考。年轻人要积极向周围人学习，向对现实有真实认知的人学习，形成自己的思考和判断。这就是"别太把别人当回事"的真正意义。

行动指南

他人的身份不是判断经验正确与否的标准。

5月 12日　年轻人要有更高的志气

我觉得除非你们报效国家去做公务员，进企业的话我只有一点建议：清华大学的学生应该有志气，你们应该加入一个能做世界冠军的企业，这个非常重要。但如果纯粹从商业上来讲，则不一定要做世界冠军。一个资源型的企业，它非常非常挣钱，可以成为全国500强，甚至有可能成为世界500强。有些事情你只要成为全国冠军就够了，你不需要成为世界冠军，你想垄断中国这个市场，不管是靠行政手段、技术手段还是其他方式，只要是成为中国冠军，就已经能创造巨大的商业价值。

但今天我们是在清华，是在全国最好的大学，而且是有志于成为世界一流的大学，所以我觉得清华的学弟学妹，清华的毕业生应该有更高的志气，要去加入一个能做世界冠军的企业。这一点其实在过去只有相对较少的中国企业做到。我们可以看到很多的银行，像工行可能是"宇宙第一大行"，但它不是一个完全市场经济的企业，可能不能拿来比。

——2017 年 9 月 27 日，王兴在清华大学的演讲

背景分析

王兴非常注重个人的成长和能力的培养，也对自己的师弟师妹抱有很高的期望。清华大学学生一定要有最高的志向，就连进企业都要去最好的企业。

在市场环境下，能做到世界冠军的企业，一定是最有竞争力的，或是在产品上，或是在渠道上，有其超出群侪的优势。至少在这些企业中，有着该行业内最优秀的人才。在这样的环境里，一个人的成长速度才能最大化，学到行业顶尖的知识。

行动指南

要向行业内最优秀的人才学习。

5月13日 沟通带来改变

加快沟通频率。我觉得人的改变一方面是靠外界的输入，另一方面是当你意识到这个输入并接受这个输入。

——2016 年 1 月 28 日，《财经》专访王兴

背景分析

读书和沟通，是王兴自己的两种输入方式。

读书有利于建立对过去、未来的宏观框架，但是书的问题是滞后，与各方面的专家交流沟通则可以获得一些实时的、鲜活的认知。

沟通的意义在于，一个人能够从交流中得到及时的反馈，补充自己的信息，扩展自己的眼界。改变自我，意味着要抛开自我原有的思考方式，接受新的思维模式。从这个角度上看，双向的交流带来的思辨互动，要比单向的输入更有效果。所以，改变自我，一定要记得多与他人沟通。

行动指南

加强与外界的沟通是自我成长的最佳办法之一。

5月 14日 从失败中学习

今天在座有很多创业团队，而且是非常优秀的创业团队，我衷心地祝福你们，但我也泼一盆冷水，你们当中多数人这次创业应该会失败，这不是一个诅咒，而是一个过来人的经验教训。再好的团队，再好的想法，一切看似都很顺利，但是依然很大概率会失败，这是一个任何创业者都应该做好的心理准备。

你要做好充分的失败准备，即使有很大概率失败，你依然愿意去做，愿意付出努力，这才是真正的激情。但回到这一点，一旦有巨大的好处，来北京不会让你失望，即使你创业失败，你也有很大机会学到很多。

——2020 年 9 月 12 日，HICOOL 全球创业者峰会，王兴演讲

背景分析

经历即是成长，创业失败不算什么大问题，因为失败是大概率事件，成功才是小概率事件。就连王兴本人，也经历过几次失败。做好心理准备，创业者才能承受得住失败后的打击，理性面对自己的事业。

创业过程中困难重重，一个真正的创业者不会被这些困难吓倒，而是想尽办法解决危机。创业不仅能锻炼创业者的意志和心理素质，还能提升他的个人能力，改变他

的思维方式和生活理念。说到底，创业也是一个学习的过程。

行动指南

成功与失败都可以推动人的成长。

5月15日 行胜于言

这么说，清华有一个校训叫"行胜于言"。那我觉得，第一流的是做事，第二流的是评价别人做的事情，而评价别人的评价就成了末流的事情。所以我们还是少做一点末流的事情。

——2010 年 9 月，王兴做客网易财经

背景分析

读王兴这段话，可以得到两层感悟。

第一层是，尽量成为那个用实际行动实现想法的人，而不是成为言语上的巨人，行动上的矮子。

第二层感悟则是，既然评价别人做的事之人属于第二流的人物，那他们的评价也不太重要。真正做事的人不用去评价这些评价，不用理会这些评价，专注于手上的工作即可。

行动指南

坐而论道，不如起而行之。

5月 16日 人才的三大素质

第一点非常重要，是得足够聪明。环境变化越来越快，需要学习很多新的东西、面临新的情况。这个时候，是否足够聪明是很重要的。

第二是有足够的耐性，有足够的韧劲。因为你会面临很多的挫折，学习是需要时间的。

第三是底线条件，应该有正确的价值观，或者正确的野心。他希望获得成功，但是他是把自己的成功建立在所在组织成功的基础之上，而不是只关注成功，哪怕牺牲团队的其他人。短期来看，似乎两种方式都能获得成功，但是长期来看真正能够获得大成功的一定是前者，要有正确的野心。

——2017 年 10 月，王兴在清华大学的演讲

背景分析

什么样的算是人才？王兴没有硬性的标准，但是给出了三项基本素质。

首先就是要聪明，有学习的基本能力。其次是有韧劲，能承受学习中的挫折。最后是有底线，不走邪门歪道。

王兴看到的人才，是能够在学习中自我进化的。一个人的主动性和合适的野心，总能带着他前进；反之，如果一个人没有进步的心，即使他能力很强，也不算是人才。

另外，道德是做人的基准。"德才兼备，以德为先"也是美团干部选拔任用的导向。

行动指南

评价人才的标准，是其能否主动寻求进步，而非个人能力的高下。

5月 **17**日 加入好的组织

一个好的组织，不管是学校还是公司，应该让你既能看到真正聪明的人能聪明到什么地步，又能看到真正努力的人能努力到什么地步。

——2017 年 1 月 26 日，王兴在饭否上的发帖

背景分析

在个人成长的过程中，一个人既需要榜样的力量，也需要激励的力量。"蓬生麻中，不扶自直"，长期与比自己更聪明、更努力的人共事，向聪明人学习思维方式，向努力的人学习工作态度，在潜移默化中自己也能有所进步。

行动指南

选择加入能够让自己有所进步的组织，远离那些让自己自满的组织。

5月 **18**日 人人都是产品经理

人人都是产品经理，产品即自己的一生。

——2016 年 7 月 29 日，王兴在饭否上的发帖

背景分析

每个人都要对自己的人生负责。在一生当中，我们唯一能决定的就是我们要成为什么样的人。把人生当作自己的产品，即自己要深入了解自己，打磨自己，成就自己。

不论最终能达到什么样的成就，至少这一生的过程是不会留下任何后悔遗憾的。正如王兴所说：

"我的生活态度是，不遗憾，不后悔。"

行动指南

以产品经理的视角打造自己的一生，去过最让自己满意的生活。

5月 19日 自我管理

自我管理应该从时间管理开始。时间管理应该从起床时间开始。

管理应该多关注输入而不是输出。所以，真正的关键不是几点起床，而是几点上床。只要能坚持早睡，早起就容易多了。相反，很晚睡却想很早起，自然痛苦挣扎，而且是不长久不健康的。

——2011年4月8日，王兴在饭否上的发帖

背景分析

想要长期坚持早起的人，一定要坚持早睡；想要得到某种结果，一定要经过某些步骤和过程。

这一概念在自我管理中是指：一个人要求自己达到某种成绩，日常不付出相应的努力，事后又自怨自艾，这属于缘木求鱼；正确的方法是，重视过程，先把努力做到极致，结果就是顺水推舟的事。

行动指南

不论是自我管理还是企业管理，对过程的重视都应甚于对结果的重视。

5月 20日 管理者对员工的价值

好的管理者引导身边的人"见自己、见天地、见众生"。

——2017 年 5 月 20 日，王兴在饭否上的发帖

背景分析

与一个好的管理者一起工作，能够得到的是：

1. 了解自我的能力与不足，实现自身的成长；

2. 跟随团队前进，建立对于行业的全面认知；

3. 学会如何解析社会的普遍需求，培养独立开拓新业务、独当一面的能力。

行动指南

选择与好的管理者一起工作，个人进步能取得事半功倍的效果。

6月

使命、文化、价值观

6月 1日 质与量同等重要

另一点，我们不光关注量，我们还关注质，我们不光需要组织很多团购，卖很多东西，我们还要让每一个参加美团网团购的人满意。所以我们在国内首创了短信反馈的机制。

——2011 年 3 月，王兴内部讲话《团购是超完美的商业模式》

背景分析

产品销售不能只看量，也要看质。就团购服务而言，一单服务上线之后大卖，但是如果质量太差、名不副实，团购平台不仅会收到大量消费者的投诉，还会失去消费者对这个团购平台的信任。尽管这一单赚了钱，但以后潜在的损失更多。

所以美团对上线的每一单团购都严格把关，不能只想着这一单赚不赚钱。

行动指南

产品质量是消费者对一家公司最直观的感受。

6月 2日 诚信为本

"开放"这个词用得非常多，"开放"是一个好词，大家听到"开放"都会有自然的好感。关于开放的经济学原理几十年前诺贝尔奖得主罗纳德·科斯讲得非常好，他认为开放的关键是所有权和使用权可以分离，就是不管这个东西是不是你的，如果是你的，你不一定要自己用，你可以借给别人用，甚至有可能获得更大的收益。

对开放平台来讲，也正是应用这个思路。它认为流量是自己的，但是不一定要自己变现，让应用厂商来变现，等于把流量的所有权和使用权分离了，就能够形成新的交易结构。但是这里一个非常重要的问题是，怎么样让所有权和使用权分离而不带来其他的问题？这个就需要诚信来解决。

或者说几十年前，科斯说过交易成本为零的情况下，所有权的变更不影响资源分配达到的效果，也就是说所有权变更不影响最后的资源分配，一个重要的前提是交易成本为零，这在现实生活中是不存在的，有时交易成本是非常高的，因为很多地方不诚信。

——2011 年 5 月 31 日，首届互联网开放大会，王兴演讲

背景分析

笔者访谈美团联合创始人赖斌强时，他提到过这样一个故事。王慧文结束上一家公司加入美团网时，最开始都没有签股份协议，因为太忙了，没时间办。但王慧文充分信任王兴对他的承诺，凡是王兴说到的，他一定会给到，后来王兴也果然没有辜负他的期待。

诚信是王兴对于商业道德的基本要求，诚信能够有效提升交易效率、降低交易成本。平台与应用厂商之间如果不能形成互信互任的关系，平台的存在是没有意义的。

降低信任成本，提升交易效率。

3日 6月 以客户为中心

我认为至少阿里巴巴和腾讯都还会非常厉害，能提供很多服务，对行业有很大影响力，会持续很长时间。虽然有很多新的公司出现，但并不代表阿里巴巴、腾讯已经老化了，恰恰相反，我觉得它们还处于非常有活力的状态。

我们的出发点不是看同行，看竞争对手，在美团我们反复讲要以客户为中心，这不是一句空话。因为最终你还是要给客户创造价值，客户愿意直接或间接付你钱，公司才能够存在，才能创造商业价值，最后才能给股东回报。现在（互联网上）有那么多事情要做，如果你能选取某个角度，通过互联网或手机帮大家做得好一点，就是创造价值。

竞争这个字经常放在一起说，就变成思维定式了，但其实竞和争不一样，同向为竞，相向为争，所以我觉得我们是竞技。

——2017 年 4 月 26 日，"一 π 即合·华兴 π 对"，包凡对话王兴、张一鸣

背景分析

像腾讯和阿里巴巴这样的公司之所以能够存在并长期健康发展，是因为能持续创造某种价值，这种价值被客户认可，并且客户愿意为此付费，就成为公司生存的根本。所以如果一家公司不能生存下去，竞争只是外部原因，内因还是公司不再能为客户创造价值了。

所以王兴要反复强调"以客户为中心"的价值观，这是美团存在并发展壮大的根基。

行动指南

经营的最终目的是给客户创造价值。

6月 4日 让消费者放心

我们从一开始就非常注重品质，因为我们知道，我们每天跟不同的商家合作，那么要让消费者相信我们推荐的东西都是好东西，我们事先会进行多次把关。美团网每次合作一个商家，在上线之前会有八重把关，通过层层的调研，去确保它的品质没有大的问题。在上线之后，我们有完善的保障措施，叫作美团网"团购无忧"。这里面包括"七天内未消费无条件退款""消费不满意，美团就买单"和"美团券过期未消费，无条件退款"，通过一系列措施让消费者放心，在美团网实现"团购无忧"。

——2011 年 7 月 11 日，《财富人生》访谈

背景分析

任何一次与 B 端商家的合作、任何一次与 C 端用户的交易，公司都应当秉持坦诚互信的原则，才能获得持久的尊重和信任，公司的信誉和品牌才能逐步建立。

诚信经营是公司持续发展的根本。美团作为一家连接商家与消费者的平台，不仅要保证自身不欺瞒消费者，还要为消费者筛选合格的商家，提供令人满意的消费内容。这是平台的责任所在。

行动指南

诚信经营是在消费者心中建立品牌力的关键。

6月
5日 客户是谁

"竞争"永远是我们需要考虑的一个因素，但更重要的事情是，我们要考虑给什么样的人提供什么样的服务。

————2014 年 2 月，王兴内部讲话《"危·机"与"成长"》

背景分析

张瑞敏说过："企业发展的灵魂是企业文化，而企业文化最核心的内容应该是价值观。"竞争是影响公司发展的一个要素，但不是公司发展的基础。

创业公司有 to B（2B）的，有 to C（2C）的，还有一类是 to VC（venture capital investment，风险投资）的。为不同的群体提供不同的服务，公司要发展出一套相应的价值理念。一家公司只有长期坚持正确的、与行业相匹配的价值观，才能做好企业的战略执行。所以，找到自己的客户群体很重要。

行动指南

与其忧心竞争，不如研究客户。

6月
6日 不与对手争论

所以在早期，可能我们认为我们的价值观比对手更正，我们团队比对手更好，我们的基础比别人更好，对手却不服，不要紧，这个时候争论是没有用的，我们要做的是什么？还是回到根本问题，消费者第一、商户第二、团队第三、股东第四，我们有足够的资源，足够好的团队，我们去合作足够多、足够好的商户，然后和商户一起去把消费者服务好。

——2015 年 3 月，王兴内部讲话《2015 年是 O2O 决战年》

背景分析

许多公司缺乏正确的价值导向，将资本运作放在产品与服务之前，以快速圈钱为战略目的，不把客户需求当回事，这种公司肯定终将被市场抛弃。

在结果出来之前，这样的公司可能会有更大的市场声量，会拿到更高的融资额度，短暂地迷惑住投资人和消费者，似乎已经在同类公司中拔得头筹。但从本质上来讲，这些公司是不可持续的，是缺乏核心竞争力的，很快就会原形毕露。

对创业者而言，暂时处于下风并不要紧，要秉持住正确的价值导向，不能被市场上焦虑的心态带偏。

行动指南

找不到方向，就回到公司经营的根本问题上来。

6月 7日 三高三低战略

《财经》：你认为自己是擅长引导趋势、制定规则，还是更擅长在别人的规则下突破？

王兴：还是我们原来总结的"三高三低"。我们坚定认为应该以客户为中心。客户要高品质、低价格的东西，那我们怎么提供给他们这些东西呢？因为我们本身不能单独完成服务，我们是一个中间平台，所以我们需要做到自身运营时能够低成本、高效率。

怎么样才能做到低成本、高效率？第一靠管理，第二靠员工敬业，第三靠高科技。所以第三个高是高科技、低毛利。依靠高科技、IT 系统，才有希望使我们一个庞大的组织遍布全国各地，因地管理，使整个复杂流程能够走得顺畅。

同时我们不认为高科技一定要高毛利。平台性的商业模式，因为可以做到很大规模，所以并不需要很高的毛利，本身也能存在很大的价值。如果是低毛利加小规模，没有很大价值，但低毛利加上大规模会有很高的商业价值。所有零售本质都是这样，沃尔玛是这样的，亚马逊也是这样。

——2016 年 1 月 28 日，《财经》专访王兴

背景分析

一个人有什么样的价值观，就会做出什么样的决定和举动，一个企业有什么样的价值观，就会制定什么样的发展路线。价值观是企业哲学的重要组成部分，体现在企业战略制定、产品研发、团队组建等方方面面。甚至可以说，价值观决定了每一次商业抉择。

美团价值观是"以客户为中心"，提供商品和服务就要以满足客户的需求为首要任务，所以要提供高品质、低价格的产品。而为了实现高品质、低价格这对矛盾的组合，就要提高效率，降低成本；同时还要提升科技水平，压低毛利率。

行动指南

"三高三低"战略是成本领先企业的经典方法论，但是想要应用这套方沄论，还是要确定自己是不是成本领先企业。

6月 8日 起心动念很重要

我觉得一方面起心动念是要对的，这是非常重要的，你是希望做一些对社会有益的事情，而不是想钻空子，我觉得这是基本出发点，我是非常有信心的，因为我们的起心动念是正的。

另一方面，在实际落实过程中，因为规模很大，小概率事件可能就会发生。我们对这个事情很重视，投入很大，比如我们有非常核心的同事担任首席食品安全官，专职负责食品安全监督和处理。

因为我们是一个更集中的平台，通过信息化手段更好管理，总体看起来比原来零散的、没有管理的要好很多。我们和政府去合作，帮助政府去建立一个绿色通道，这其实对加强监管是有帮助的。

——2016 年 11 月 21 日，乌镇互联网峰会，TMD 对谈骆轶航

背景分析

创业的出发点决定了一家企业能走多远。当创业者的目标是利他时，在他的创业过程中，他的周围就会聚集一大批从中得到好处的合作伙伴和客户，这家公司就能不断发展壮大。

王兴的出发点就是要做对社会有益的事情，但是从他之前的创业经历中，他也清楚地意识到，对社会有害的小概率事件仍有可能发生，风险是一直存在的，所以美团要主动承担起食品安全监督和管理的责任，尽可能保障消费者的权益不受侵害。

行动指南

找到正确的出发点，才能创办文化端正的企业。

6月 9日 合作心态

《财经》：有人评价你是一个不善于合作的人。

王兴：看什么层面的合作。我们自己不开餐馆，不开酒店，不开电影院，我们跟三四百万商户合作。并不是所有人都像我们这样深刻认同以客户为中心，关键是对客户而言什么是对的。

——2017 年 6 月 21 日，《财经》，《对话王兴：太多人关注边界，而不关注核心》

背景分析

关于王兴不善于合作的例子，可以举出来的很多，比如说，美团比大众点评还要先接触饿了么，但是大众点评选择投资饿了么，而美团决定自己做出来一个美团外卖，与饿了么直接竞争。在这些故事中，王兴被描述成一个不善于合作的人。

但是在王兴的商业哲学中，合作并不处于中心位置，一家公司的核心价值观仍然应该是"以客户为中心"，而不是善于合作。如果合作是为了客户利益的话，王兴应当是一个相当善于合作的人。

回到美团与饿了么这件事情上来，美团在饿了么身上看到的，除了外卖的机会之外，也有消费者对于外卖潜在的未被充分发掘的需求。以最有效率的方式满足客户的需求，是美团的第一要务。

行动指南

不要将善于合作作为自己的评语。

6月 10日 公司使命

我总是花很长时间同时思考很多问题，我喜欢在问题当中跳来跳去。"使命"这个问题是如此之难，世界上只有少数公司正确制定了它们的使命。

使命是我们干的事情、我们相信的事情。我相信永恒的事情，我希望使命像北极星一样永远清晰，指引我们不停努力。所以我们既要确立一个足够宏大的终极目标，即"live better"（活得更好）；但同时我们的使命又要足够明确而具体，和我们最靠近的事情就是"eat better"（吃得更好）。

——2017 年 6 月 21 日，《财经》，《对话王兴：太多人关注边界，而不关注核心》

背景分析

彼得·德鲁克曾经下过一个定义：组织的使命是必须拥有很高的透明度和足够大的规模，以便能够提供一种共同的愿景。包含这种愿景的目标必须清楚、公开，而且要时常对其加以强调。管理面临的首要任务在于思考、制定和说明这些宗旨、价值观与目标。

只有在使命明确清晰的情况下，卓有成效的管理者才能确定哪些属于优先要务，公司战略规划才得以展开。确立公司的使命，是 CEO 的首要工作。杰克·韦尔奇每隔五年就会自问："现在，什么事情是必须做的？"

行动指南

使命是公司除了赚钱之外存在的根本原因。恰当构思的使命，应该是基础广泛、触及根本而长盛不衰的东西。

6月 11日　公司决策的参与度

《财经》：你的管理层抱怨说你有时候太过民主了。

王兴：公司决策不存在民主的问题，而是参与度的问题。我认为美团的管理风格不能被称为"民主"，而是大家广泛参与。当然，在使命、价值观这些问题上我不认为要靠民主来决策。

《财经》：民主会让很多员工感到很茫然吗？

王兴：当然会，别说民主了，很多人甚至恐惧自由，因为自由意味着责任。Liberty means responsibility, that is why most people dread it.（注：此处王兴引用了爱尔兰作家乔治·萧伯纳的名言。）

——2017 年 6 月 21 日，《财经》，《对话王兴：太多人关注边界，而不关注核心》

背景分析

公司的使命与价值观，是由公司的核心层来决定的。公司的使命，代表着公司成立的意义，揭示了公司存在的目的。在公司创立初期，使命是创始人团队凝聚的共识，是向外界宣布的公司身份。

而价值观，则可以说是公司内部评价一个人或者一件事好坏的道德准则，是工作场景下对员工集体的要求，是企业长期形成的处事原则。

无论是使命还是价值观，都不是可以交由普通员工决定的。员工之间没有统一的认知，而且不对公司的最终成败负责。员工可以参与讨论，最终的确认仍应交由公司内部的专业人士决定。

行动指南

员工有参与讨论公司决策的权利，但是最终的决定权还是在领导者手中。

6月12日 公司文化的挑战

《财经》：目前在管理上遇到最大的挑战是什么？

王兴：公司文化的问题。公司文化是创始人的投射和延伸，越初期越是如此。清华希望它的学生毕业之后有"健全人格、宽厚基础、创新思维、全球视野和社会责任感"，我非常认同，我是这个公司的创始人，或快或慢，或早或晚，这个公司会像我这样。但如果做得不好，就会有断层、有变形。

——2017 年 6 月 21 日，《财经》，《对话王兴：太多人关注边界，而不关注核心》

背景分析

曾经负责过脸书企业文化梳理的高管莫里·格雷厄姆说过这么一句话，80% 的公司文化是由创始人定义的。如果创始人很有竞争精神，那么公司将会更加上进求胜；如果创始人善于分析和驾驭数据，那么公司也会倾向于在理性之上做出决定；如果创始人是个深思熟虑的人，公司可能会发展相对滞缓；如果创始人是个很好的设计者，这会很好地引导公司的产品开发。

在绝大部分情况下，创始人的个人特质决定了公司的特质；而公司作为一个组织，更会上百倍地放大外人眼中的印象。作为一家公司的创始人，如果想要公司能够生长出自己希望的文化氛围，最简单的事情就是将自己变成这样一个人。这是创始人的自觉。

行动指南

创始人是怎样，公司便是怎样。

6月13日 做一个推石头的西西弗斯

《财经》：现在哪方面出现断层和变形了？

王兴：总体上内外部的沟通做得不够。公司文化就像希腊神话里西西弗斯推的石头，你要推石头上去，它会掉下来，你再推上去，它会再掉下来。这是一个很苦难的过程，但就是如此。文化也是一个没有终局的事情，我觉得太多考虑终局是错误的。

——2017 年 6 月 21 日，《财经》，《对话王兴：太多人关注边界，而不关注核心》

背景分析

懒惰是本性，勤奋是理性。公司文化是反本性、反直觉的，比如说坚持做正确的事不是容易的事、每天前进 30 公里、我不会我可以学等。文化没有奖惩上的强制力，如果没有推动力，在公司内部会被迅速稀释蒸发。

这种推动力只能是自上而下的，需要 CEO 一直努力，坚持内外部沟通，以对抗人类本性中自然散发的懒惰和贪图安逸。

宣扬公司文化，永远处于 CEO 的工作清单中。

6月 14日　拥抱变化

阿里巴巴价值观"六脉神剑"之一是"拥抱变化"；Zappos（美捷步，美国鞋类电商网站）的公司文化更进一步，提倡"embrace and drive change"（拥抱并驱动变化）；甘地则直接说"be the change you want to see"（自己去当你想要看到的那个变化吧）。

——2011 年 3 月 25 日，王兴在饭否上的发帖

背景分析

拥抱变化也是美团的价值观。

当变化到来的时候，是左顾右盼，还是直面变化，这直接决定了公司如何应对变化。商业世界中许多决策会随着外界环境的变化而变化，昨天还在激烈打仗的团队，今天可能就要合并；昨天还在如火如荼进行的新业务，今天会因为各种原因而被关闭。在外人看来只是一句话，只有身在其中的人才能感受身处变化中的纠结与不安。

成绩和失败都属于过去，看向未来的人才能走向未来。美团有一句名言，"既往不恋，纵情向前"。据说这句话是美团的产品顾问马占凯看到之后送给王兴的，得到了王兴的大力认同。这也成了美团文化的一部分。

行动指南

"既往不恋，纵情向前。"

6月 15日 我不会我可以学

上周五开会时一个年轻同事的一句话至今回荡在我耳边。当时大概是晚上 12 点，讨论接近尾声，需要有人整理会议记录，涉及流程图的部分用 visio 画比较好。我问她会用 visio 吗，她毫不犹豫地说"我可以学"。这四个简单的字里有无穷的力量。

——2012 年 2 月 19 日，王兴在饭否上的发帖

背景分析

"我不会我可以学"，后来成为美团文化不可或缺的一部分。这句话包含的是，主动成长，不畏困难，对事负责，自觉勤勉。

美团推崇学习，拥抱变化的唯一办法就是坚持学习。一家公司要不断寻求突破，走出第二曲线、第三曲线，唯一的办法就是多试错，尝试各种可能的业务。员工就要不断适应各项工作，拥有自主学习的能力就是最难能可贵的品质。

王兴曾说过，未来唯一持久的优势，是有能力比你的竞争对手学习得更快。这是对公司的警戒，也是对个人的劝告。

行动指南

学习，是面对困难的最佳姿态。

6月 16日 文化与制度

文化比起制度确实既更底层又更高级。

——2020 年 1 月 15 日，王兴在饭否上的发帖

文化是无形的浸润，制度是有形的束缚。文化是一个组织群体的价值体系、思想观念、行事准则的总和，制度则是成文的显性规则与非成文的隐性规则。公司内的一切制度都是公司文化在某个层面的表现。

公司文化是在潜移默化地改变一个人的做事习惯，制度是在用强制性的措施规定一个人在有限的情境条件下的行为。员工违反制度会受到惩处，违反文化却没关系，文化没有绝对的要求。但是没有真正认同公司文化的员工，一定难以接受公司内部的行事风格，如果所见所闻都与他本人的价值观相悖，他很难长期忍耐下去。

行动指南

不能以制度代替文化，也不能以文化代替制度。

6月 17日 价值观与人才引进

引进人才必须在价值观立住之后进行，不然越高端的人才，失败率越高，引进高管可能有 5% 的成功率不错了。先得立住价值观，才能引进人才。

——2011 年，李志刚《九败一胜：美团创始人王兴创业十年》

背景分析

高管对于公司的影响要远比普通员工大。在公司价值观未立住之时，引进的外部高管，其不受价值观的束缚，习惯按照自己的行事风格处理工作。

这种情况考验的是引入的外部高管与创始团队价值观契合的概率。如果双方正好相融，这位高管的到来是如鱼得水。如果双方有些微摩擦，部门下属和受其影响的同事在两种价值体系下无所适从，该高管负责的事务则会受到灾难性的影响。

在价值观已经立住的公司，这种情况就很少发生。愿意加入公司的高管，至少不会排斥本公司的文化氛围和价值观，他所在的部门和下属也不会陷入两难境地中。

行动指南

只有用价值观吸引人才，才能长久留住人才。

6月 18日 捍卫核心价值观

"正直诚信"不仅是基本的社会道德准则，也是美团点评的核心文化价值观之一。近期阳光委员会发现并迅速查处了有虚假报销、虚假打卡等严重不诚信行为的个别同学，制止了违规行为的蔓延，捍卫了正直诚信价值观。
——2018 年 5 月 12 日，美团内部信《全员携手，共同捍卫"正直诚信"价值观》

背景分析

美团对公司价值观之一"正直诚信"是这样说的：

诚信经营是公司持续发展的根本，在原则问题面前，我们宁愿牺牲短期利益，来换取长期的成功。

这次自查自纠行为来源于公司发现了一些虚假打卡和虚假报销的行为。这些并非严重的贪腐行为，亦不受员工重视。美团在前期检查的过程中辞退了几名员工，随后要求其他员工自查自纠，最后收到 440 名员工申报的虚假报销款约 32 万元，人均虚假报销数目在 700 元左右。

公司也对这些主动上报的员工履行了承诺，不对内对外通报名单，不影响绩效和晋升，只给予警告处理。

正直诚信是美团底线，哪怕小到几百块钱的报销、上下班打卡，都不能越过这条线。

行动指南

对于违背公司核心价值观的行为，不论多小，都要及时纠正。

6月19日 王慧文与美团精神

美团精神，老王身体力行、堪称典范。回顾老王过去9年多的工作，既有冲锋在前的勇猛，又有安营扎寨的稳健；既有舍我其谁的担当，又有功成不必在我的潇洒；既有"天下兴亡，匹夫有责"的责任感，又有"我们什么都没有，但是我们有兄弟和勇气"的真性情；既长期有耐心地保持战略定力，又坚持时不我待、只争朝夕地忘情投入。我想，老王就是美团人的代表，老王身上展现出的这些闪光点，就是美团精神。

——2020年1月20日，王兴回复王慧文离职邮件

背景分析

什么是美团精神？王兴评价王慧文这段话就是最完美的解释。

王慧文与王兴两人是大学里同寝室友的关系，各自读研之后又合体创业，从清华到校内网，校内网被收购之后两人分别再创业，而后王慧文于2010年12月携团队加入美团，成为美团不可或缺的一分子。

在美团期间，王慧文先是接管了市场部，为美团找来了营销大神陈敏鸣来做广告投放；后来探索创新业务，创立美团外卖，缔造了美团的核心业务；再后来又为公司深入餐饮产业链上下游，为构建到家、出行等业务场景打下了坚实基础；最后大刀阔斧推动用户平台、基础研发、大数据和人工智能等平台能力建设。

王慧文长期担任美团二号位，既是新业务的开拓者，又是后台工作的奠基者，身体力行践行着美团精神，对美团文化的形成起到了举足轻重的作用。

行动指南

一个生动的公司文化形象，胜过一切宣教。

6月 20日 文化是公司上下面向未来的量度

十年一瞬，以客户为中心、长期有耐心、坚持做正确的事而不是容易的事、拥抱变化、每天前进 30 公里、我不会但我可以学、苦练基本功……这些我们相信的，是 10 年来我们一路前行的航标，也将继续指引我们远航。

——2020 年 3 月，王兴内部信《美团十周年》

背景分析

王兴这几句话，总结了美团 10 年积攒下来的公司文化的精华，也是他在多个场合不断倡导所有员工要做到的行为准则。

创始人和一号位天然就具有定义、总结和传播公司文化的任务，要不断加强内外部沟通，在日常言行举止中扩散公司文化。这是凝聚公司共识，对齐员工认知的重要工作。越是面临挑战，就越要强调文化的价值；越是面向未来，就越要统一价值观。

行动指南

价值观越统一的公司，凝聚力越强，人心就越不容易散。价值观的重要性，无论怎样宣扬都不为过。

7月

战略决策

7月 上市的意义

刚才说到将来要去哪里，可能必不可少要提到一个问题，就是上市的事情，它不是我们的目标，它应该是我们在实现一个更长远的目标的过程中，在合适的情况下发生的事情。大家知道，我们的同行之前有不止一家做过不同的尝试，结果都不顺利，这是因为你不能把上市作为目标，而是应该有更坚实的目标，要服务好消费者，服务好商户，让整个企业能够健康持续地运转。那个时候上市是水到渠成的事情。

——2012 年，王兴内部讲话《如何度过行业寒冬》

背景分析

在这段讲话发生前后，团购行业融资最多的平台拉手网分别于 2011 年 10 月份和同年 12 月份两次冲击上市失败，行业陷入低潮期。

上市应当是公司的手段而非目的，当一家公司将上市作为目标，甚至以何时上市作为目标，反映的是创业者浮躁的心态和背后资本的贪婪。浮躁的创业者很难静下心来打磨产品、服务客户，但是为了达到上市标准，他要不断扩大市场占有率，所以要大肆烧钱抢夺用户。

用户会因为优惠的价格而使用这个产品，但是低劣的服务质量又会让用户没有复购的欲望。所以一旦停止烧钱，这些公司不仅用户增长会立刻停止，甚至会迅速崩溃。

行动指南

战略决策不能围绕上市进行。

7月2日 无边界

我举这个例子是想说，大家跳出行业来看问题，互联网行业不能局限在互联网行业里，也要看其他的行业，因为无边界的特性所有的事情会互相关联，如果只是局限在小圈子里就不能理解大范围的事情。

——2014 年 2 月 11 日，2014 亚布力中国企业家论坛第十四届年会

背景分析

领导者在做战略思考时，绝不能将自己的眼光局限于自己一个公司、一个领域、一个行业，而是要放眼整个经济环境。各种经济现象之间都是相互关联的，如果领导者只专注于自己眼前的事物，很容易一叶障目，不能做出准确的判断。

行动指南

从整体看局部，你会得到新的认知。

7月3日 优先做满足大众高频需求的事

在这几个垂直领域我们做得不错，这几个垂直领域对我们来说也是非常重要的，

但更重要的是美团是一个吃喝玩乐的平台，我们会倾向于满足大众高频的需求，从产品的角度，这个事情有多少人需要，是极少数人需要还是多数人需要，是偶尔需要一次——例如像结婚，正常可能只需要一次——还是说住酒店可能一年需要很多次、看电影需要很多次、吃饭等需要更多次。美团会优先把满足大众高频需求的事情做好，因为在互联网上高频带动低频是一件比较自然的事情。

——2015 年 1 月 18 日，王兴接受媒体群访

背景分析

王兴对美团的定位是一个大众的，每天都需要打开，与日常生活密切相关的生活服务类电商平台。只有满足高频需求的产品才能逐渐演变成平台型产品，因为用户每天都要用到，自然会在偶尔需要一次的低频场景中也会先打开美团试试看。在衣食住行四大基本需求中，食是最高频的需求，所以美团一定先把到店和外卖做好。

行动指南

高频可以带动低频，但是低频无法带动高频。大多数在低频场景下应用的产品都只能成就垂直应用。

7月 4日 战略加执行

我觉得（在 O2O 战争中胜出的关键）还是战略加执行，这是看起来非常虚的话，实际上战略是非常重要的事。

——2016 年 1 月 28 日，《财经》专访王兴

背景分析

战略是方向，执行是动力。没有正确的战略指引，公司这艘大船就会迷失方向；缺

乏优秀的执行，公司就无法前进。

领导者应该正确认识到战略的重要性，而不是将业绩责任一味下压到执行层中。如果业务出现了问题，领导者应当首先反思自己在战略制定上是否存在偏差。

行动指南

公司启航的第一步，就是制定正确的战略规划。

7月5日 边走边决定

原来我们想试商户 Wi-Fi，后来发现 Wi-Fi 虽然有需求，但并没有很成熟的解决方案。我们首先要确保用户体验，另外确保我们的效率比对手高，然后才是跟进。

你对战略会有一个大的判断，但并不是每一个细节你都能原地想得很清楚。假设你的视力只能看 1 公里，两个人比拼谁能看到 1.5 公里，并不是站在原地比。你往前走 500 米，即使视力不变，你也能看到 1.5 公里的地方。

——2016 年 1 月 28 日，《财经》专访王兴

背景分析

战略，说到底，只是一个大致的方向，而不是具体而微的实务。战略依托于对未来发展变化的判断，每个人都有自己的观点，这种判断不可能是 100% 准确的，总会有些变量出现，打破领导者的全盘规划。

所以战略不应当是死板的，对战略应该随着事态的变化加以改进。在一开始看不清全局的情况下，可以边做边看。

行动指南

切忌盲从跟进。

7月
6日 赢利策略

长期来讲，企业肯定是需要赢利的。但是在不同的环境下面，有不同的策略，还得知道到底是什么样的一个游戏。BAT 里面，阿里巴巴是这三家中最晚赢利的，但最后是阿里巴巴比百度大很多，所以并不是简单比拼谁更早赢利。

——2016 年 11 月 21 日，乌镇互联网峰会，TMD 对谈骆轶航

背景分析

管理大师德鲁克认为，企业是追求盈利的组织，但是赢利不应该是企业追逐的唯一目的。只是企业经营的限制性因素，使大家误以为企业家的商业行为就是为了所谓的利润。但是这是不准确的，"利润动机"与企业的功能、目的以及企业管理的内容都毫无关系。

企业应该如何赢利，应该在什么时间点赢利，取决于这家企业所处的市场环境、所采取的经营策略和变现模式。2002 年年初，马云提出阿里巴巴要赚一块钱，这是因为，只赚一块钱是基于增长基础之上的盈利，阿里巴巴的首要任务是增长，而不是急于赢利。当时的美团也做出了同样的选择。

行动指南

选择增长还是选择赢利，要根据公司本身的经营策略来决定。

7日 投资于未来

我觉得非常显然，亚马逊就是这个策略，他（创始人杰夫·贝佐斯）很早就想清楚这个事情，所以亚马逊长期在盈亏线上。我非常同意一鸣的说法，在早期的话其实投入是很划算的。

——2016年11月21日，乌镇互联网峰会，TMD对谈骆轶航

背景分析

为什么有些公司会选择推迟赢利的时间？亚马逊成立20年间一直饱受质疑，因为其业务不断扩张，但仍坚持不盈利和"长期主义"的观念，不能为股东带来实际回报。但是最终亚马逊能够成为全球市值最高的科技企业之一，证明了创始人贝佐斯的选择是正确的。

贝佐斯有一个这样的理论，在某些情况下，公司赢利可能伤害股东的利益，当增长所需的资本投资超过这些投资产生现金流的现值时，就会发生这种情况。

所以这些公司选择推迟赢利，最大的原因就是要持续投资未来。

行动指南

推迟赢利时间，选择投资于未来，最重要的就是要说服股东和自己站在同一条战线上。

8日 企业战略重心

《财经》：从战略维度上，美团先做什么、后做什么、做什么、不做什么？

王兴：一方面是进一步扩大我们所服务人群的规模，中国有7亿网民，我们现在

有 2.4 亿活跃买家，阿里巴巴有 4.5 亿活跃买家。所以我们还有 2 ～ 3 倍的增长空间。另一方面我们要上天、入地，长远看如果美团只做很浅的连接，那是没价值的。

所以我们在各个垂直行业都在做更深层次的连接。在餐饮，我们最早提供信息，后来提供交易，再提供外卖的配送。我们现在还给餐饮老板提供 ERP（企业资源计划系统），我们会往 B 端走，扎得更深。我认为这不光是美团一家该做的事情，所有试图有长期价值的公司都应该做，纯粹的 C 端、纯粹的连接，腾讯一家做就好了。

——2017 年 6 月 21 日，《财经》，《对话王兴：太多人关注边界，而不关注核心》

背景分析

哪些事情对美团是重要的？王兴从两个维度分析这个问题。

第一个，是现实的业务增长维度；第二个，是从未来的发展维度。虽然中国互联网已经有了 7 亿网民，网民人数增长速度下降，以后也不会再有翻番的机会，但是美团尚未达到用户数量的天花板，和行业巨头相比，还有 2 ～ 3 倍的增长空间。抓增长，仍是美团战略的重要一环。

在中国互联网进入下半场之后，互联网公司未来将向行业纵深发展，在 B 端扎根，营造核心竞争力。美团要做领先起跑的事情，提前卡位布局。

行动指南

重要紧急的事情是增长，重要不紧急的事情是未来的增长。

7月9日 做决策要花时间

打个比方，一位摄影师在比赛中得了金奖，有人问他拍摄得奖照片花了多长时间？也许按下快门只需要 0.001 秒，但是他为了找到这个机会花了 10 年。我们做决策也是一样。

——2017 年 6 月 21 日，《财经》，《对话王兴：太多人关注边界，而不关注核心》

背景分析

做一个正确的决策看似简单，但背后要进行大量的调研、艰苦的思考、恰当的时机，有时还要经过不断的尝试确定是否能够继续投入。

以美团外卖为例，从2013年7月份沈鹏在一家小餐馆听到饿了么的名字开始，到12月份美团真正决定进入外卖行业，美团前后花费了约半年的时间做行业调研。

商户Wi-Fi看起来符合商业逻辑，而且商家和消费者都有需求，但实际上并没有做成，因为当时不是一个恰当的时间点，并且没有成熟的解决方案。

行动指南

在恰当的时机做正确的决策，方能成就好的结果。

7月10日 错过的机会

《财经》：你的高层说你做决策极慢。

王兴：跟我的思考方式有关系，也跟我尽量调整自己的职责有关系。我应该做少数重大的决策，而不是快速做大量的决策。

《财经》：决策慢，有没有真正遗憾和错过的事情？

王兴：很多创业者认为他错过了很多创业机会，但其实那不是他的机会。

——2017年6月21日，《财经》，《对话王兴：太多人关注边界，而不关注核心》

背景分析

王兴做决策速度极慢，这跟他穷根究底似的思考方式有关系。他习惯于去探索原因背后的原因，甚至要把每个词语的定义来源都要搞清楚。他的饭否上留下了很多这样的思考痕迹，比如他会讨论"price discrimination"应该翻译成"价格差异"还是"价格歧视",他能从手机充电线的长度想到细分的消费需求等。

CEO 的职责是构建总体战略愿景和找人找钱,其他方面的决策,并不属于 CEO 的工作,各司其职是一家公司最好的运转方式,王兴要负责思考的,只有那些与公司未来密切相关的问题。

认知能力决定决策水平,有些机会超出了个人认知的范畴,错过并不可惜。

行动指南

错过的机会不值得遗憾,要看向眼前的机会。

7月 11日 战略能力

强如苹果,也不应该同时押宝 AR(增强现实)/VR(虚拟现实)和智能汽车这两大赛道。二鸟在林,不如一鸟在手。这是对蒂姆·库克战略能力真正的考验。

——2020 年 5 月 2 日,王兴在饭否上的发帖

背景分析

AR/VR 和智能汽车是两条截然不同的赛道,涉及的技术、需要的资源、组织的方式都是完全不相融的。不论是 AR/VR 还是智能汽车,都是确定性较大的机会,但短期内都看不到实用普及的可能性,需要投入海量资源长期试错,才能找到可行的办法。

苹果没有必要两头下注,因为 AR/VR 与智能汽车都能代表未来。苹果也不应当两头下注,资源始终是有限的,集中在一个方向上更能砸出效果。

但是在关乎公司命运的问题上,领导者做出放弃其中一个可能性的选择,是对个人心态和决策能力的极大考验。

行动指南

二鸟在林，不如一鸟在手。

7月 12日 做正确的决定

乔治·索罗斯说，重要的不是做出正确判断的频度，而是做出的正确判断的量级。沃伦·巴菲特说自己一生做对的决定不过十来次。

——2016年1月23日，王兴在饭否上的发帖

背景分析

真正决定命运的选择只有寥寥几次。对个人如此，对公司也是如此。一个公司的领导者要把时间花到真正重要的事情上，做出关系公司未来命运的决策。

美团的一位重要业务的BM（business manager，业务经理）这样形容美团的决策机制：王兴是决定做与不做的那个人，我是决定怎么去做的那个人。在美团的工作中，王兴也是只关注最重大的、能够影响公司发展的决定，而不是一些日常的决定。

行动指南

判断一个领导者的能力高低，主要是看他在大事上能否做出正确的决定。

7月 13日 战略、理想与现实

稍微调整一下，战略是现实和理想的结合。伟大的战略是极端的现实主义和极端

的理想主义结合的产物。//@王兴 战略是现实主义和理想主义结合的产物。伟大的战略是极端的现实主义和极端的理想主义结合的产物。

——2018年3月22日，王兴在饭否上的转发

背景分析

战略是获取胜利的路线图，是从现实出发到长期目标的方法规划。所以，战略必须兼顾理想和现实。

所谓伟大战略，就是无限远大的抱负与必然有限能力之间的结合。劳伦斯·弗里德曼在其《战略：一部历史》一书中多次强调："战略受制于起点，而非囿于终点"。承认自身能力有限，并将一切计划安排到现实可能性范围之内，此之谓极端的现实主义；拥有无限远大的抱负，不为一切困难和不确定性让步，此之谓极端的理想主义。

行动指南

既要心怀理想，又要实事求是。

7月14日 面向未来的投资

刚才我们讲"心态开放，方式多样"。一种是纯粹开放平台，我们没有任何股权关系，我们只是合作的关系，用合作的方式去服务消费者；另外一种是我们有资本上的关系。关于这方面，我们之前宣传得不太多，目前累计下来我们投资了52家企业，我们一方面融资一方面也做投资，这些投资跟我们的整个生态是相关的，有的在餐饮行业，有的在酒店旅游行业，有的在安全相关行业，所以围绕我们的整个服务累计投资了52家企业。

——2017年10月29日，王兴接受媒体群访

背景分析

能够调动参与者的资源与活力的开放性，才是平台稳固的基础。开放性有助于平台连接更多服务商，为价值链上的更多环节构建更多高效的辅助服务。生态体系能增强平台的黏性和竞争壁垒，最终可形成平台生态圈。

美团在朝着打造开放平台的方向努力，比如说在 2017 年平台上就接入了全国餐厅普遍在用的 619 家 ERP 系统，提升了行业的运行效率。与此同时，美团以基石投资人的身份发起设立美团点评产业基金（后来更名为龙珠资本），投资了 52 家生态相关企业，跟企业相互之间形成资本上的合作关系。

行动指南

利用好投资，是未来战略的一大助力。

7月15日 学会取舍

"有什么？""要什么？""舍什么？"这三个问题，对个人对公司都极重要。

——2014 年 11 月 24 日，王兴在饭否上的发帖

背景分析

战略的本质是取舍。取，就是做什么，舍，就是不做什么。制定战略，就是在现有资源的基础上，面向公司未来的发展方向，选择其中一条道路前进的过程。选择了一条道路，就意味着放弃其他的道路。在制定战略的时候，很多人看得不够远，想得不够深，被某些暂时性的成果诱惑，做出了错误的选择，结果没能达到战略目标。

取舍就是要我们克服人性中的贪婪，在看似无限多的选择中，舍弃掉与最终目标无关的选择，根据自己的能力，找到最适合自己的那条路。

行动指南

舍比取更难。

7月 战略与使命
16 日

2017 年 4100 亿元的交易规模，让我们相信在吃喝玩乐的本地生活服务里面还有很大的增长空间。美团的使命是帮助大家吃得更好、生活更好，所以整体的战略就是建立一个支撑吃喝玩乐多个品类的技术平台。各个品类相互拉动，交叉营销。

——2018 年 9 月 6 日，美团上市新闻发布会，王兴演讲

背景分析

美团使命经历过三次更新迭代。第一版是 2013 年和第二版价值观一起宣布的，当时提出的使命是"连接人与商户"，因为美团在通过团购做消费者与商家的连接器；第二版是 2016 年和第三版价值观一起宣布的，美团在与大众点评合并后，融合了后者的一些元素，美团的使命变成了"连接人与服务，点亮美好生活"；第三版就是 2017 年 10 月 19 日的媒体发布会上宣布的"让大家吃得更好、活得更好"，英文版是"We help people eat better，live better."，后来中文版调整为"帮大家吃得更好，生活更好"。

这一版使命确立了美团的原则和方向，即建立一个支撑吃喝玩乐多个品类的技术平台，坚定了服务大众的信念，战略也就随之明确了下来。

行动指南

做出战略决策之前，再思考一遍公司的使命与价值观。

7月 17日 核心业务与其他业务

"吃"是我们的核心业务，最重点的品类。我们在"吃"上将持续投入，不断往深了做，往产业链上游做，把价值链打通。

除了吃以外，非餐饮的品类，我们更多的是以平台的方式提供信息，帮助用户搜索、查找，完成交易和支付。通过构建一个平台，使多个品类之间相互拉动。现在我们已经成为多个品类的市场领导。

——2018年9月6日，美团上市新闻发布会，王兴演讲

背景分析

在这场发布会上，王兴提到"民以食为天，吃是巨大市场"，吃是超高频、超刚需的业务，虽然美团是一个涉及吃喝玩乐多个品类的平台，但"吃"是整个平台的核心。

所以美团通过"吃"来吸引、保留用户，再延伸至其他品类，其业务范围也从外卖延伸到酒旅、电影、出行、零售等，设计出了一个以"food + platform""食品 + 平台"为战略核心，各品类之间交叉营销的闭环系统。

行动指南

公司的战略首要解决的是公司的核心问题。

7月 18日 组织升级

2018年，我们一起度过了充实而坚定的一年。我们在香港主板成功挂牌上市，成为一家公众公司。这意味着更大的责任，更多的耐心，更长的道路。这一年，围绕

公司使命"帮大家吃得更好，生活更好"，我们战略聚焦 food + platform，完成了新阶段的组织升级。

——2019 年 2 月 4 日，王兴除夕内部信

行动指南

战略执行要想做到位，基础动作是根据新战略去做组织结构的调整，进一步加强组织的执行力。克莱顿·克里斯坦森在《创新者的窘境》里提到：一个机构的能力体现在其流程和价值观中，而且正是构成当前业务模式核心能力的流程和价值观，决定了它们无力应对市场的破坏性变化。

战略决定组织，而组织决定成败。组织结构就是为企业流程顺利实现服务的。美团在上市前后所做的组织升级就是为应对市场变化做出的新举措。

行动指南

组织升级与战略升级是配套动作，是不可忽视的重要一环。

7月 19日 战略上的长期主义

A strategy is a long term plan of action designed to achieve a particular goal.（战略是为实现特定目标而制定的长期行动计划）这是 Wikipedia（维基百科）给的定义。

——2012 年 3 月 10 日，王兴在饭否上的发帖

行动指南

贝莱德集团 CEO 劳伦斯·芬克在一次采访中提到，伟大的公司，都有一个长期战略。公司制定战略，是为了达成某一个特定的目标。如果这个目标很简单，在短期内

轻易就能完成，那就不可能是一项足够惊人的成就。

公司要有高远的目标。这就意味着，公司需要时间去培养人才、调整组织、应对市场，需要成长的时间和空间。这是长期而复杂的工作，战略就是这项工作的指导思想，因此战略应该是长期主义的计划，而不是短期的投机规划。

行动指南

公司有长期战略，才有机会活得更长远。

7月20日 战略与战术

战略上打持久战，战术上打歼灭战。

——2015 年 11 月 28 日，王兴在饭否上的发帖

行动指南

战略是为了实现长期目标，战术争取的是眼前的胜利。朱德这样区分战略和战术：战略要寻找敌人的主力，战术要寻找敌人的弱点。实际上，即使寻找到敌人的主力，也很少有机会能够迅速消灭之，与敌军主力周旋并逐渐蚕食，是一个持久战的过程，如果盲目冲动寻求速胜，还有可能会被敌人消灭。

战术则是另一种逻辑。战术是为了具体问题而制订的计划，好的战术就是要去解决问题的。如果不能打"歼灭战"，就意味着这个战术是无效的，是没有意义的。

行动指南

长期主义的战略指导，需要目的导向的战术执行相配合。

8月

成长管理

8月1日 做到可持续的好

这里有很多讲究，举其一点来说，在一个极限环境下面，你要做到最好，但是你要做到可持续的最好，就不能太努力，因为一旦你出汗就非常非常糟糕。如果你太用力，一兴奋，出汗了，那么待会儿风一吹就结成冰了。所以任何时候，太激进其实很有可能会带来长期的负面影响。做到这点需要高度严守既定的纪律，在事情容易的时候，在环境顺利的时候，不要得意忘形，坚守纪律，当情况好的时候，似乎容易的时候，前进30公里，然后扎营、休息。当天气不好的时候，阿蒙森也坚持带领他的团队，哪怕挪得很慢，也要前进30公里，完成这一天的目标。因为本身设的目标是有富余量的，天气不好就慢一点儿，路陡就慢一点儿，但坚持去完成。

——2012年3月，王兴内部讲话《如何度过行业寒冬》

背景分析

成功是长时间积累的结果，不是短期冲刺的成绩。在2011年，美团全年GMV达到了14.5亿元，初步赢得了"千团大战"的胜利，但是王兴看到的是，团购的电子商务市场应当与淘宝所做的实体商品的电子商务市场相似，也有机会做成大几千亿元的规模。和这个目标相比，美团当时的成绩是非常微不足道的。

这是一场要成长到上百倍规模的长期战役，需要有打持久战的准备，绝不能够变成"一鼓作气，再而衰，三而竭"的运动式增长。王兴给出的解决方案是，"每天前进30公里"，靠着时间的力量，一定能到达终点。

行动指南

公司的成长，依靠日拱一卒的长期努力。

8月 2日 忍耐低毛利的煎熬

整个产业中，只有我们这个行业有一个高科技、低毛利的特点，而低毛利的事情注定是苦的事情。凡是幻想O2O会是一个非常高毛利的事情的人，我觉得他们可能都没有亲身地去干这个事情，才有这种不切实际的幻想。这是一个未来或者说已经进展了一半，但是还有更多其他开拓者进入的苦而牛的10年。这里我们要记住一句话：你对未来越有信心，你对现在越有耐心。可能过去的三年，接下来一年，接下来两年、三年，都会是非常煎熬的、苦的事情，但是，整个事情是有非常光明、巨大前景的事情。我希望大家跟我一样，对未来很有信心，对现在很有耐心。

——2013年2月，王兴内部讲话《O2O是一个数万亿的超级大"蓝海"》

背景分析

和传统的互联网模式相比，O2O是很苦的。搜索和电商的商业模式是卖广告、卖流量，游戏的商业模式是玩家付费，但是O2O则是要服务成千上万的线下中小商家，促成交易。做团购的过程中，平台要挨家挨户地连接到每一个中小商家，为了给消费者提供在线选座的功能，猫眼团队要和每一家影院打通后台售票系统。O2O的模式很重，原因就在于此。

O2O是一个低毛利的行业，因为每个城市、每个垂直领域都是区域型市场，马太效应没有传统的互联网行业那么显著。这不是一件简单的事情，更需要从业者拥有巨大的耐心坚持走下去。

行动指南

要做弯下腰去捡钢镚的生意，更需要长期主义的思维模式。

8月3日 不去定义敌人

不管是不是第一压力都很大，但也会产生动力。倒不会去定义敌人，我们制定了几个目标，希望在 2015 年做到 1000 亿元，2020 年做到 1 万亿元，这个也是淘宝用 N 年时间做到的事情。

——2014 年 1 月 6 日，《21 世纪经济报道》，《对话王兴：互联网丛林无宁日》

背景分析

创业公司在商业上要找到可以对标的企业，在成长阶段上也要找到可以参照的企业。王兴为美团设置目标，谈到淘宝，是希望美团员工可以看到，目标是可以达到的，是非常有希望完成的。

美团内部有一句名言，对未来越有信心，对现在越有耐心。这种信心就是，即使在面对巨头的时候，美团人也不会产生相形见绌的自卑感，而是看到对方的成长轨迹，对自己的目标充满信心，进而对美团自身的成长充满信心。

行动指南

信心就是，相信这家创业期的小公司，现在正处于一家未来大公司的前期发展阶段。

8月 4日 跟上市场的脚步

第三产业有好几万亿元的市场规模，现在我们关注的、我们占据了 50% 以上市场份额的领域，只是 300 多亿元、400 亿元的份额，offline 有几万亿元，online 只占了 1% 左右，在这个 1% 里面，我们只占了 50% 多，这又算什么呢？

而且这个市场还在迅速增长，如果我们没有跟上并推动这个增长，随着市场的迅速扩大，我们将被抛在后面。

——2014 年 2 月，王兴内部讲话《"危·机"与"成长"》

背景分析

在一个迅速扩大的市场中，如果一个行业领先的公司，成长速度远小于行业的平均成长速度，那它很快就会被同类公司所超越。

2014 年随着 O2O 概念的火热，这一赛道涌入了无数公司，美团原先的团购业务瞬间成了 O2O 的一个子集。更重要的是，这个市场还在飞速扩张，还没有被占据的空白市场远远大于作为行业第一的美团占据的市场，如果空白市场被其他公司占据，美团就会处于岌岌可危的境地。所以美团要加速扩张，与整个行业赛跑。

行动指南

公司的成长如同在大河中行船，如果水流很快，但是船走得很慢，那多半就是船的问题了。

8月 5日 靠谱的公司与不靠谱的公司

我这么说并不是危言耸听，但大家不需要担忧这个事情，而是要拥抱这个事情。

如果你在另一个公司，它认为它可以高枕无忧的话，那么它离死不远。也不是美团不靠谱，而是这个行业、这个时代、这个世界变化特别快。凡是没有危机意识的公司、不战战兢兢的公司，不管它现在看起来多么强大，都是非常危险的，而且它比那些虽然小但是始终保持非常警惕状态的公司和人更危险。

——2014年2月，王兴内部讲话《"危·机"与"成长"》

背景分析

行业快速扩张的过程，对公司来说，既潜藏极大的危险，又带来前所未有的大机会。不论是BAT这样的互联网巨头，还是万达这样的传统商业里的巨头，都在试图抢夺机会。美团处于巨头环伺的竞争环境下，需要做得比它们更好才能看得到机会。

和巨头相比，美团在资源、资金上的劣势是显而易见的，但是也有自己的优势，过去几年中，美团在连接消费者和商家的过程中积攒了不少经验。所以王兴鼓励大家看到危险，但是也要拥抱变化。

行动指南

许多公司前一天还在快速发展，后一天就分崩离析。保持适当的危机感是很有必要的。

8月 6日 成长是一把双刃剑

所以，这样一个快速成长的环境带来了很多很多问题。因为人的成长是需要时间和机会的，大家看到的刚才11位"美团之星"里面，很多人伴随公司成长，转战多个岗位、多个地方，经历很多挫折，但慢慢成长起来。问题是，人的成长是需要时间的，但公司的业务是每年2倍、3倍增长的时候，会带来很多问题，并不是每个人的每一步都能跟上。这时候我们需要采用轮岗的方式，需要更有耐心的方式，能够更好地解决这个问题。

但不管怎么样,我希望大家有一些信心,有一些耐心,我们的很多问题是成长带来的。这是一个好的问题,不是一个坏的问题,如果我们成长不那么快,我们在管理、业务、产品发展上面可能不存在那么多问题。但正是因为我们在一个极其高速成长的行业里面,我们是一个极其高速成长的公司,所以我们会遇到这样那样的问题。但也是这样的高速成长,给大家带来各种各样的机会。

——2014 年 2 月,王兴内部讲话《"危·机"与"成长"》

背景分析

公司的快速成长是一把双刃剑。业绩上升期,公司规模扩大,市场认可度提升等是 A 面;团队扩张导致的组织能力下降,产品在一个大众市场遭受质疑等是 B 面。

美团也在这个过程中遇到了人员成长跟不上组织成长等各种各样的问题。认清问题的成因,也能帮助上上下下同心同德解决问题。

行动指南

克服问题,才能享受成长。

8月
7日 管理不容易

《财经》:这些管理工作我们具体是怎么做的?

王兴:我觉得没有特别本质的区别,管理当然是一个不容易做的事情,但看到一个问题,我首先想这是不是一个全新的问题。管理不是一个全新的问题。放眼世界,最大的私营企业应该是沃尔玛,200 万人,IBM、华为大概 20 万人,两三万人或者 4 万人的企业有很多——BAT,京东已经五六万人,它们显然解决过这个问题。所以我觉得,判断一个问题要看它是一个全新的问题,还是别人已经解决过的问题。管理不容易，但是，我并不认为它是一个全新的问题，也不认为是我们要做出突破性进展的地方。

——2014 年 12 月 31 日，《财经天下》对话王兴

背景分析

成长带来的最大的问题就是管理问题。在 2014 年，由于外卖业务争分夺秒的竞争，美团员工规模数量快速增加，由前一年同期五六千人的数量增长到了 1 万人出头。这种扩张模式给整个公司的组织能力带来很大的挑战。

大量新员工加入，除了造成文化稀释，整个管理系统都需要发生一次大规模革新。新潮传媒创始人张继学也曾说过，高速发展中的企业，当新员工超过 50% 的时候，组织特别容易崩盘。

王兴认为这是一个问题，但并不算是一个特别挑战。管理还是有路可循的，有前人的做法可以学习借鉴。

行动指南

管理不容易，但是管理并不需要创新型的天才，需要的是愿意老老实实下功夫去学的人。

8月 8日 互联网红利将尽

以中国互联网为例，现在用户已经基本占到人口的一半。我记得以前每年 1 月份和 7 月份 CNNIC（中国互联网络信息中心）都会发布中国网民报告，早几年我每年都看，从两三年前开始我就不看了，因为网民数量增长已经趋缓了，基本占一半人口，7 亿左右。

当互联网渗透率超过 50% 的时候，按定义就不可能再翻番了，中国人口总体增

长又不快，如果需要业务增长翻番的话，不可能单靠用户翻番来实现。可能对单个公司来讲还有很大空间，但对于互联网整个行业来讲红利就不大了。

——2017 年 4 月 26 日，"一 π 即合·华兴 π 对"，包凡对话王兴、张一鸣

背景分析

王兴从互联网用户数量的变化，来讨论未来互联网公司发展问题。

中国的网民数量就是中国互联网发展的基本盘，也是互联网公司发展的天花板。互联网经济的人口红利则不同，它指的是随着互联网用户不断增多，可以用较小成本快速获得流量，实现变现。

在 2011 年之前，中国网民年增速维持在 20% 以上，带来了非常庞大的流量，推动了中国互联网经济的跨越式发展，也带动了电商、社交、游戏等互联网产业的爆发式增长。

但随着网民规模增速逐步放缓，互联网行业这一增长路径已经消失。

行动指南

互联网人口红利退潮，行业整体发展进入了深水区。

8月 **9**日 企业的价值

企业的价值大小取决于问题价值大小，取决于市场大小，取决于经济体的大小。中国虽然经济体越来越发达，而且中国拥有全世界六分之一的人，但如果只做这个事情，做到头，你也是不如另一部分大。因为美国的强大在于，美国互联网公司不光做美国市场，它做几乎全球的市场，除了中国市场。所以如果中国的企业不能真的很好地走出去，不能更好地服务更大的经济体的话，长期来看是缺乏竞争力的。

——2017 年 4 月 15 日，新经济 100 人 CEO 峰会，王兴演讲

背景分析

有关于企业发展的一句俗语是，水大鱼大。基本逻辑就是，在大市场中才能出现大企业，在万亿级别的市场才能出现千亿级别的公司。

中国少有互联网企业能够成功走出国门，即使是 BAT 这样的公司，其体量也受到了市场规模的限制。美团这样的新一代领军公司，成为国内的小巨头，也只是公司发展历程的一个节点，远非终局。

行动指南

全球市场要比中国市场更广阔。

8月 10日 竞合才是新常态

《财经》：美团目前的几块业务，各自在多长时间内可以结束战役？

王兴：当我们的市场渗透率超过 50% 的时候，如果不犯愚蠢的错误，就很难被翻盘。我们希望每个领域都做到第一，至少确保第二。但我们并不指望完全消灭敌人，所有人在下半场都要接受竞合才是新常态。

——2017 年 6 月 21 日，《财经》，《对话王兴：太多人关注边界，而不关注核心》

背景分析

2017 年 2 月，美团上线了网约车服务美团打车，开启了一场与滴滴的新战役。美团在多个战场上作战，到底什么时候才会结束战争成为人们关注的问题。

对于每一个业务而言，想要站稳脚跟，就要在相应的市场上达到 50% 的市场渗透率。但是战争无所谓结束，不论公司发展到什么阶段，竞争都是永远存在的。

行动指南

无法完全消灭敌人的情况下，就要学会如何与敌人共存。

8月 11日 边界与终局

《财经》：业界质疑，美团各个业务既看不到胜负终局，又看不到规模赢利的可能性。

王兴：我们上个月刚刚实现整体盈亏平衡。如果不开拓新业务，我们可以在一年之后规模赢利，但我不认为短期赢利是我们追求的目标。其实无论是讨论边界还是讨论终局都是一种思考角度，但并不是唯一的思考角度，哪里有什么真正的终局呢？终局本来是下棋的术语，可是，现在的实际情况是棋盘还在不断扩大。

——2017 年 6 月 21 日，《财经》，《对话王兴：太多人关注边界，而不关注核心》

背景分析

成立 7 年后，美团是否已经走到了可以规模赢利的阶段？

出于资本的压力和生存的考量，有些创业公司会将盈利设置为公司成长过程中的一个节点。但是在王兴看来，这只是阶段性成功的标志。美团可以实现短期赢利，可是这并不意味着美团已经进入成熟稳定可持续增长的阶段。实际的情况是，虽然 2017 年公司的营收超过 300 亿元，估值超过 600 亿美元，但是战场在扩大，边界在扩大，美团仍然处于生存战的阶段。

行动指南

胜利没有那么容易到来，战争也没有那么轻易结束。

8月 12日 美团要成为一颗恒星

《财经》：最终想把美团做成一家怎样的公司？

王兴：一家长期有耐心、不断成长的公司。一位德国思想家曾经说过，作家可以分三类——流星、行星、恒星。书是如此，在这个时代更加如此。自媒体、公众号、公司，多数像是流星，非常绚烂，但一颗流星烧完就烧完了；行星可以长久存在，但它不会自己发光；恒星会发光，同时它和流星的发光方式不一样，流星是燃烧掉了，恒星是靠核聚变，所以恒星必须够大。

我们在努力成为恒星。美团到现在只有7年，大众点评也只有14年，我们只是刚刚起步而已。

——2017年6月21日，《财经》，《对话王兴：太多人关注边界，而不关注核心》

背景分析

既然这是一场无限游戏，那么美团的终局，就是一个难以把控的话题。王兴没有从行业赛道、产品定位、客户群体的角度回答这个问题，因为一切都在快速发生改变，未来充满着不确定性，但是所有的不确定中，王兴对未来的美团做了一个定性的描述：做一家恒星一样的公司。

流星一样的公司，其壁垒在于外界资源，资源消耗一空的时候，公司也就走到了尽头；行星一样的公司，围绕着其他公司运转，自身缺乏生存能力；恒星一样的公司，自身能力就足以成为核心优势，吸引大量的行星与卫星围绕在其周围，构建起一套平台级生态系统。

行动指南

你的公司是恒星、行星还是流星？

8月 13日 公司的坏点

《财经》：美团最近的招聘风波，一个项目 leader（领导）说不招聘东北、黄泛区 [①] 人士，这是否是管理上出了问题？

王兴：那个招聘需求太夸张了，那个人不是 HR，他可以有他个人的观点，但是他个人的观点不代表公司的立场。所有公司的管理都时刻存在问题，就像人体一样，体内总是有各种细菌、病毒、癌细胞，关键在于你是不是能及时解决这些问题。

——2017 年 6 月 21 日，《财经》，《对话王兴：太多人关注边界，而不关注核心》

背景分析

日本实业家稻盛和夫曾经提到过，为了预防坏事、丑事发生，企业内部制定各种详细的规则来束缚员工，但是在制定规则之前，明确"作为人，何谓正确，何谓不正确"的企业价值观是第一位的。如果企业内部不能共有正确的价值观的话，无论什么规则和制度都发挥不了作用。

但在公司的扩张过程中，总会有一些员工与公司的价值观相左，他们的行事作风既不符合规定，也破坏了公司的公众形象。这是大型公司的管理中普遍存在的问题，需要及时解决，反复强化员工心中正确和不正确的分界，以防坏点蔓延。所以越是野蛮生长的公司，越需要精细化管理。

行动指南

及时清理公司的坏点，才有助于长期健康发展。

---

① 黄泛区，一般指黄河频繁改道和泛滥的地区。特指 1938 年，国民党为阻止日军南下，炸开黄河花园口大堤而形成的一个区域，波及豫皖苏三省。之后黄河泛滥成灾，直接淹死和饿死的群众达 89 万人。

8月 14日 别看股价，看价值

上市后需要更多耐心。我们经常说，要"长期有耐心"，对未来越有信心，对现在越有耐心。上市并不意味着耐心的结束，而是真正考验耐心的开始。上市本身从来不是我们的目标，只是公司成长过程中的一个里程碑。资本市场会有起伏，大家不需要太多关心短期的股价涨跌，而要时时刻刻致力于把自己的工作做好，为客户创造更大价值。长期来看，我们所创造的价值最终会体现在我们的股价上。

——2018 年 9 月 20 日，美团上市王兴内部信

背景分析

如果将上市视为一家企业的目标，这家企业在上市之后，上上下下都认为已经完成了目标，从而导致进取心消退，迅速落入"上市即巅峰"的魔咒中。不少企业就在上市之后状态一路下滑，市值也跟着下跌，最后回天无力，被迫退市，乃至于到了破产重整的境地。

上市不是一个公司的终点。上市的意义在于，为公司引入了面向二级市场的融资机会，为前期投资人和部分高管提供了变现的渠道。但是上市对公司的战略没有根本影响。坚持长期发展的企业，不能一直关注短期股价，只应关注公司的长期发展。

行动指南

上市不是终点，也不应成为公司的终极目标。

8月 15日 苦练基本功

从商业历史来看，绝大多数公司之所以失败不在于没掌握高难度动作，而是基

本功出了问题。基本功就是业务和管理的基本动作，把基本功练扎实，就能产生巨大价值。如果对我们的业务不断进行动作拆解，就会发现业务最后都是由各项基本功组成的。在互联网上半场，基本功不太好，还可以靠红利、靠战略、靠资源带动快速发展，但到了下半场，基本功不过关，活下去都很难。

但是要想练好基本功，并非一日之功，而是一个长期的事情，甚至可以说是企业全生命周期的事情。苦练基本功，"苦"是指我们要调整好心态，这不是一个满足新鲜感的事情，甚至可能有些枯燥。我们要努力建立好的机制，让"苦"转化为大家的成就感。"练"是核心，知易行难，看起来简单的动作要重复做、反复做，要争取一遍比一遍做得更好。每天提高一点点，只要能坚持，就能产生指数效应，将我们的能力提高一大截。

我们要苦练基本功，把基本功内化成为我们组织的能力。把基本功练扎实，我们就能赢99%的事情。

——2019年2月4日，王兴除夕内部信

背景分析

一家企业基本功越强，就越能提升在不同环境中的生存能力。有些公司在顺境中高歌猛进，但是一遇到逆风仗，就立刻举步维艰，动作变形，这都是基本功不到位、经受不住压力的缘故。另外，机会总是不期而至，基本功练得好，机会一到就能立刻把握住；基本功练得不好，再好的机会也可能被浪费掉。

苦练基本功，是企业在任何阶段都要抓紧的事情，不论是初创期还是成熟期，都要将苦练基本功的概念刻到每一个员工的日常动作中。

行动指南

把基本功内化为组织能力，则无往而不利。

平台的生态建设

8月 16日

《财经》: 2015 年年初你提出要做生态建设。

王兴: 只是说开始。做平台、做生态: 第一, 你得有东西可跟人分享; 第二, 开放不是一个简单的心态问题, 是能力问题。不管是团队意识还是产品技术的准备, 都需要一个过程。

并不是所有事情都要成为生态, 生态里面需要不同的物种, 有不同的角色, 如果你追求单一最大化, 就不会形成形态。例如 Uber 就是一个很好的平台, 也提供很好的服务, 但是我觉得还不能称之为生态。

我们试图往那个方向迈, 但我们要让它迈得更好。举个例子, 简·雅各布斯写的《美国大城市的死与生》, 主要以 20 世纪五六十年代纽约以及其他一些大城市为例, 讲了城市怎样才能有活力。其中一条很重要, 就是要多功能。另外一条是, 建筑物的年龄要不一样, 如果建筑年龄都一样的话, 成本是差不多的, 租金要求也差不多, 不同业态对租金的承受能力是不同的, 你完全追求租金最大化的话, 就导致这条街可能只能开某种店, 短期最大化了, 但是没有生态。

——2016 年 1 月 28 日,《财经》专访王兴

背景分析

美团要做商户与消费者的连接器, 虽然是一个平台生意, 本质上还是一个工具, 是撮合资源、交易和信息的地方。这个工具好用, 但是提供的价值仍然是单一、平面的, 所以具有较强的可替代性。

所以在 2015 年年初, 王兴提出了要做生态建设的计划。本质上来说, 这是美团在单一场景下, 将效率提升到了超越行业平均的某个极值后做出的选择。如果效率没有被优化到一定程度, 平台释放给合作伙伴的价值有限, 能够连接的价值链自然不够稳固, 就很难衍生出一个全面有活力的生态系统。

行动指南

生态建设是平台级公司发展到一定阶段的必然。

8月 17日 多元化和专业化

我花了很多时间在思考这个问题（是多元化还是专注）。在科技变革的前半段，因为风险非常大，所以需要用小团队去探索。但到了后半段，红利变小，整合成为释放红利的方式。这时候多业务的公司会比单一业务公司更有优势。

——2017年6月21日，《财经》，《对话王兴：太多人关注边界，而不关注核心》

背景分析

企业发展到一定阶段，都会面临多元化和专业化的选择。两者各有优势，专业化意味着加强企业的差异化，创造多个竞争优势，资源聚焦，面对问题做得到快速反应，因此拥有极强的行业壁垒。多元化的优势是能够分散风险，找到新的增长点，充分调动企业资源。

多元化和专业化都有成功案例，也都有失败的案例。对于2017年的美团，在团购和外卖已经成为公司护城河的前提下，王兴开始思考是否要进行多元化经营的问题。

王兴的结论是，在科技红利逐渐变小甚至消失的时刻，专业化经营积攒的优势也不再那么显著，反而多元化经营的公司，通过资源整合，其效率会超过单一业务公司。

行动指南

是选择多元化还是选择专业化，要根据公司的实际发展阶段而定。专业化不一定好，多元化也不一定差。

8月 18日 管理者的成长

　　美团四年多快五年的时间，确实一路走过来，队伍规模在不断地扩大，我们也在不断地成长。确实业务成长的速度有时候会超过个人成长的速度，这个时候我们确实得在管理方面花工夫。坦率地说，我也一直在学习的过程中，这个非常有趣，管理是一个非常典型的实践。不是看了一本书、明白一个事情就足够了，真的是"纸上得来终觉浅，绝知此事要躬行"，你得反反复复做，做正确的事情才能得到好的结果，有了成功和失败的教训之后才能慢慢做好这件事情。这几年我也是反复努力学习的过程中。在这方面确实还处在比较初级的段位。

　　　　　　　　　　　　——2015 年 1 月 18 日，王兴接受媒体群访

背景分析

　　美团的管理并不轻松。首先来说，美团是一个线上线下相结合的公司，管理者既要有管理互联网公司技术人才的经验，也要有管理线下地推团队的能力。所以王兴要三顾茅庐，去杭州请回阿里巴巴中国供应商团队的资深元老阿干（干嘉伟）来带领地推团队。

　　其次，美团的成长太快。业务上的成长，比如美团团购和美团外卖在扩张期快速开城，对于整个组织的韧性有着极大考验，城市怎么汇报工作、大区如何推进执行，这些都是一步步摸索出来的。

　　与业务成长相对应的是员工人数的快速增长。笔者曾听美团外卖创始人沈鹏分享，2014 年 6 月，为了打响"章鱼"战役，当月外卖团队招了 1500 人，要在全国范围内开 200 座城。如何使大量新加入的员工认同公司文化，完成规定动作，就是一场巨大的考验。

　　在很长一段时间内，美团的组织成长速度都超过了其管理者成长的速度，王兴也积累了不少成功和失败的教训，这是王兴面临的长期挑战。

行动指南

管理是一门实践的学科。

8月 19日 企业最大的坎

再加两关,是否经历过政权更替和重大战争。//@王兴 是否经历过主营业务的变迁,是否换过几任CEO,是否有能力在不同国家、语言、文化环境下开展业务,是否经历过几个大的经济周期,这些都是企业的坎,但也是99.99%的企业确实不需要考虑的问题。

——2016年8月1日,王兴在饭否上的发帖

背景分析

王兴的目标绝不是做一家平庸的企业,而是一家能够比肩全球最伟大公司的企业。而伟大的公司,不仅要有崇高的使命、正确的价值观,还要覆盖足够长的时间维度和足够宽广的空间维度。

一家生存上百年的企业,就必然要经历经济周期的跌宕起伏;一家全球性跨国公司,必然会在不同国家/语言/文化环境下开展业务。此外,还有众多不可抗力事件可能会出现,如大型战争,甚至是全球性疫情等。这些都是美团成长中可能会遇到的问题,也是所有有志于创立伟大公司的创业者都应该未雨绸缪的事实。

行动指南

要做恒星,就不能被一时的风浪扑灭火光。管理者要对风险做到未雨绸缪,心中有数。

8月
20日 **面向新业务**

新业务板块中所涉及的服务和商业模式，我们一直在探索。其中的几项业务都包含自营货品零售，而且运营链都比较长，需要我们花更多时间对其商业模式进行迭代和优化。同核心本地商业业务相比，新业务需要公司投入更多资源。未来我们将对每一项新业务的发展进行评估，进行相应的资源配置和战略投资。

——2022 年 8 月 26 日，美团财报分析师电话会议

背景分析

美团的核心本地商业业务贡献了公司超过 70% 的营收，有完善的商业模式，也是公司营业利润和营业现金流的主要来源，包括原有的餐饮外卖、到店酒店及旅游板块、美团闪购、民宿及交通票务；新业务占到了总营收的 28%，包括了美团优选、美团买菜、网约车、共享单车、充电宝等，还有餐厅管理系统及其他新业务。

有一个行业观点认为，变现链条短、赚钱容易的公司，习惯于简单模式，难以向困难模式转变。而美团则是一直处于困难模式中，团购和外卖不仅都经历了长期的亏损，而且环节复杂，利益链条长，相关者众。现在在成熟业务板块支持下，新业务板块同样也是运营链比较长的几项业务，这跟美团的能力是适配的，王兴依然对此寄予厚望。

行动指南

新业务是否适配公司的能力，是未来能否成功的决定性因素。

9月

技术创新

9月 1日 重视产品而非痴迷技术

我觉得过度痴迷技术肯定是不对的，但是重视产品是没错的。因为我们创业归根到底是做了一个产品，为我们的用户服务。那么在美团的话，我认为技术、产品然后商务合作和市场推广一样的重要。因为我们做这个产品是通过技术的方式实现我们的想法，来去帮消费者跟商家对接。商务合作就是去谈合作的商家，市场推广是去找做合作的消费者，所以整个环节是连在一起、不可分割的。

——2010 年 9 月，王兴做客网易财经访谈

背景分析

技术是产品实现的手段，市场是接触用户的渠道。产品、技术、商务、市场到底哪个更重要，不同类型的企业，在发展阶段不一、竞争环境各异的情况下，有不同的答案。

作为一个理工男，王兴本人是技术创新的拥趸，但在公司治理的过程中，他不是一个技术唯上主义者。在他的认知中，商业行为的最终目的都是服务客户，而技术、产品、商务、市场等，都是手段而非目的。

追求科技创新的公司既要避免弱化技术的作用，也要防止陷入技术中心论的逻辑怪圈中。

9月 2日 提高效率，需要在研发上投入

另一方面，也可能是被很多人忽视的方面，是我们花在技术研发上面的资金。美团网干的这个事情并不是一个简单的接洽谈单，然后去砸广告烧钱的事情。我刚刚反复强调，电子商务的核心是低成本、高效率，那么美团网作为本地电子商务的一个代表，也要力争做到高效率。这个效率不是完全靠堆人，虽然人数要增加，而更多是靠技术平台的研发。只有不断积累消费者和商户数据，我们才能知道商家需要什么样的消费者，消费者需要什么样的项目。我们才能够实现更精准的匹配，同时能够让客户很方便地用。

除了注重网站，以及手机网站以外，今天我们发布了Android（安卓）手机客户端和iPhone手机客户端，之后在技术方面会有更大的投入，这也是我刚才说为什么要"团聚计划"。很多三线、四线城市的小团队只是看到团购的皮毛，不知道做好需要有很多的投入，他们不太可能有这个资金，不可能有这个人力资源去做系统的深入研发，但这个事情是我们可以做的，我们可以跟各地中小团购网站共享。所以，我们还有很大一部分资金会花在系统的研发上面。

这一方面，如果各位媒体朋友愿意帮忙的话，我想传达一个信息，美团网非常需要一流的工程师和设计师。

——2011年3月，王兴内部讲话《团购是超完美的商业模式》

美团是一个团购网站，但是跟其他网站不同，团购网站的技术很简单，不少公司

直接找外包来做网站。美团是其中最为重视技术的公司之一。

王兴是极客思维，相信技术的变革会推动商业的变化，技术是变革的底层力量。所以美团从一开始就重视大数据，重视新的移动端平台。这些早期积累铸就了美团的技术优势。

行动指南

技术是提升效率的底层力量，重视研发就是重视效率。

3日 9月 新型交互方式带来的数据变革

另外，手机使每个用户产生数据的能力大大提升、他有位置信息，比如他打开美团 App，想在附近吃饭，住酒店，看电影，都有位置信息，位置信息是很重要的数据。另外，他浏览的信息，包括购买的信息，我们都会储存下来，再根据以往我们收集的关于这个用户的数据，以及跟这个用户有类似偏好的其他用户的数据，帮助他推荐最适合的消费项目。

所以，我们通过用户的浏览行为和用户的购买行为收集了很多数据。然后根据他的个人记录，以及跟他相似的用户记录帮他推荐，让用户找到他想要的东西，这是一个很传统的对数据的应用，但是我不知道它能不能成为大数据。

——2013 年 12 月 9 日，中国企业领袖年会王兴演讲

背景分析

智能手机的出现，将世界送入了移动互联网时代。人机之间交互方式的变化，给软件服务商带来了新的机会，LBS 就是移动时代最重要的特征。

美团是第一批投身移动端大潮的团购网站之一。2011 年 1 月 15 日，王兴的老同学、校内网的联创陈亮加入美团，王兴就要求他在同年 3 月 4 日，美团网上线一周年之际

发布第一版移动客户端。到了那一天，美团安卓版定期上线。

王兴对新技术潮流有着极为敏锐的感知力，他早就意识到，移动端搜集到的大量数据将会在之后的营销服务中发挥重大的作用。

行动指南

对技术的敏锐，不仅体现在对边缘新技术的了解上，更体现在对原有技术的创新应用上。

9月
4日 让商业遵循摩尔定律

我相信物联网或者是智能硬件跟娱乐信息、通信商务都会有各种各样的变化。例如说将来的芯片进一步小和便宜，每个商品上都有一个芯片随时可以通信。这就是真正的大数据，这是四年后我们对互联网一点思考的更新，把它变成了四纵四横。

——2014 年 2 月 11 日，2014 亚布力中国企业家论坛第十四届年会

背景分析

底层技术的突破会给应用层面带来丰富的变化。芯片是信息技术的核心基础，也是人工智能的重要基础之一，随着摩尔定律的发展，具备同样运算能力的芯片会越来越小，价格也会越来越低，带有计算和通信功能的设备可能会成为人们日常生活中随处可见的小物品，比如说，当时已经逐步流行的运动手环和计步器。

新的硬件设备的出现，可能会改变许多行业的格局。检测人体健康的手环可能就会对保险和医疗行业有着深刻影响，在变革中孕育着新的机会。为了更准确地预判即将到来的商业机会，王兴此前曾提出过"四纵三横"理论："四纵"为娱乐、信息、通信、商务，在每一个大类里面，有很多具体的应用出现；而"三横"是每五年左右出现过的大的技术变革，它们将对这四个领域产生巨大影响，过去十几年，三横分别是

搜索、社交和移动。此时，王兴将"物流网"加入进去，把"四纵三横"升级为"四纵四横"。

行动指南

从基础定律上推导出未来的商机。

9月
5日 人工智能和自动驾驶

这里有巨大的提升机会。举个例子，如果人工智能有很大的进展，人们就不需要花费百分之零点几的时间找停车位，汽车可以少开很多路，可以少产生很多污染，不管是汽油、柴油还是电池。另外，如果路上交通堵塞都没有的话，我们可以再节省百分之零点几。

这里的变革技术不是汽车本身，跟轮胎、方向盘、发动机完全没有关系，它需要的是更高层面的组织形式。如果车都联网了，如果位置信息都在中央系统有了，大家可以调度每个红绿灯、十字路口的车流和车的速度，这样就不会堵塞了。堵塞之所以产生，是因为每个人都在独立做决策；如果你把决策汇集到系统，能够很好地调度整个车群，那么交通堵塞就会少很多。

还有 95% 的停放时间，多么可怕，如果这时候这些汽车可以被使用起来，将创造多么大的价值。所以现在互联网上才有很火的共享经济，从所有权和使用权分离的层面能够改变车的使用模式，减少对资源的消耗。

——2015 年 1 月 18 日，极客公园大会，王兴演讲

背景分析

怎么样去寻找技术变革带来的机会，王兴给出了这样一个思考模式。

王兴从人工智能对交通的影响切入，谈到了技术带来的不仅仅是汽车本身的进步，

还是整个交通系统的进步。这是一个牵一发而动全身的过程，汽车信息化之后，整个社会在交通拥堵、停车困难、车辆资源浪费上的问题就有了新的解法，从中也衍生出了无数机会，比如自动驾驶汽车的网约车平台等。

对技术有信仰的创业者，看到新技术的出现，第一反应应该是，这种技术应当如何通过商业手段进入人们的生活中，其中又有哪些机会是自己可以把握的。

行动指南

主动培养自己理解技术趋势，提前布局未来的能力。

9月 6日 科技与商业

很多人认为极客喜欢科技，但是事情最大的价值可能并不见得在最底层的技术上面，因为一个时代的进步它需要科技的变革，但也需要新的商业模式和组织模式，而且有时候新的商业模式和新的组织模式很可能能比底层的新科技本身创造更大的价值。

——2015 年 1 月 18 日，极客公园大会，王兴演讲

背景分析

王兴推荐的《资源革命：如何抓住一百年来最大的商机》一书中提到，詹姆斯·瓦特对蒸汽机所做的改变虽小，但是相当有效，并且引发了广为人知的第一次工业革命。一些技术相对较差、没有做好准备的企业失败了，但是也有一些巨头崛起，其中就包括理查德·阿克莱特创建的纺织王国。

除了做出纺织技术上的改进外，阿克莱特也发明了现代化的工厂，制定了系统化的工作方法和组织架构，从而使得产量大涨。除了标准化的计件工作外，多班制的出现给产量和生产力带来了数量级的变化。而且工厂的新工人培训时间只需要几周，而

原来的学徒制技术工人则需要 5 ~ 7 年的培训，阿克莱特的工厂永远不会缺少工人。

阿克莱特的企业成功了，但是其他人的企业失败了，其中的区别就是，阿克莱特创造了新的生产组织模式。科技进步是基础，但是商业上的成功不能只靠这个。

行动指南

在科技进步之外，新的商业模式和组织模式，很可能更是竞争中的关键。

9月 7日 加大研发投入

我们是从第一天开始就有支付的，所以有一个好的现金流，是不错的。但另外我们看到一个巨大的机会，现在我们只是一年做到 460 亿元，我们认为未来是一年几万亿元的市场，在这方面我们需要大力地投入。

体现在几个方面，一方面在地面队伍的投入，我们需要招聘好的人，让他们努力地工作，有好的业绩，有好的回报；另一方面我们也在技术和研发上面大量地投入。刚刚这位朋友问到数据挖掘，我们积累了很多数据，这是一个金矿，要挖好，但数据在那里，你得有好的技术、好的平台和好的研发团队。这是我们需要融资做大量投入的原因。

——2015 年 1 月 18 日，王兴接受媒体群访

背景分析

融资来的钱，要被投入决定公司未来的最关键竞争力上。在美团，这笔钱就会流入两个方面：一是庞大的地面队伍；二则是技术和研发。

美团的创始人几乎清一色有技术背景，都是理工科出身，非常重视技术。以一个细节为例，美团是业界很早就给技术团队配备了人体工学椅和 MacBook 的公司。

王慧文说过，美团的本质，就是用科技来提升服务业的效率。一位曾在饿了么做

过 BD（buseiness development，商务拓展）的朋友告诉笔者，在饿了么的商务普遍需要用 PC 来帮助商家修改前台信息的时候，美团商务只需要现场用手机和 iPad 来作业，效率远超饿了么。

行动指南

研发是企业加速前进的助推器。

9月 8日 硬科技是新的增长点

因为之前我在讲下半场的时候我也说了，我认为下半场可能有三个大的增长点出路。第一条路是真正的硬科技，因为我觉得科技有很广的层面，通常理解的是一种特别 hard core（硬核）的技术，人工智能或诸如此类的，这是一条路。

——2016 年 11 月 21 日，乌镇互联网峰会，TMD 对谈骆轶航

背景分析

王兴提出的下半场这三个增长点中，无论是与传统产业的全面深度结合，还是开拓海外市场，业务上的拓展都离不开技术研发，硬科技更是研发的重中之重。一家互联网公司能够提供的服务大部分都是技术服务，这是由公司的本质决定的。

美团要做的是一家以客户为中心的公司，最重要的事情仍然是满足客户需要，互联网公司当然是以技术为手段满足客户需要，技术的突破不是全公司的核心工作，但是硬科技仍然是王兴最关注的领域之一。

行动指南

关注硬科技，也是关注未来。

9月 最难的与最好的

这个真的是需要澄清一下，就以做软件来说，很典型。编译器是非常难做的软件，通常被认为是软件的皇冠，因为它是深层程序的程序，这是很难的。其实 Office 也很难，你认为 Office 的技术含量很高吗？它的多数功能无须依靠少数特别难的算法，但它要实现好的用户体验，对软件工程要求其实是非常非常高的。

那你说这个 Office 是由技术驱动的吗？它创造最大的价值，毫无疑问是个技术产品。但它可能不是有些人认为的那种由高科技驱动的。

所以我觉得回归讲，美团点评现在在全国有 3 万多人，算上我们骑手的话，每天在外面有十几万人，我们每天送 700 万份饭，你要把数据信息及时收集起来，然后调度。这些都是 IT 技术，但可能不是那种高科技。

——2016 年 11 月 21 日，乌镇互联网峰会，TMD 对谈骆轶航

背景分析

一谈到高科技，普通人想到的就是黑科技，就是芯片、机器人、火箭等。但是在大部分情况下，用户心中感知的并不是这些东西，而是对于用户的深刻理解，产品功能的合理安排等。王兴提到的编译器与 Office 的区别就是一个典型案例。看似简单的产品做起来不一定简单，技术实现才是其中的关键。

总而言之，技术实现是完成一件伟大产品的前置条件。而伟大的产品，又是成就一个伟大公司的前置条件。

行动指南

不要追求最难的技术，但要追求由技术驱动的产品。

9月 10日 科技与增长

大家可以理解，高科技有很多的案例，我相信因为科技不断突破边界，不断创造新的空间，不断有新的增长，这对中国互联网，对全球互联网，乃至对全球经济来讲都是至关重要的事情，因为大家都需要增长。但如果一个原来的空间被填满，没有新的空间创造出来的时候，就会产生你争我夺。

——2017 年 4 月 15 日，新经济 100 人 CEO 峰会，王兴演讲

背景分析

移动互联网改变了人与信息的交互方式。人们随时随地都能使用手机接入互联网，所以就有了新的商业空间。大量基于智能手机的商业模式涌现，比如外卖、打车、即时零售等。在过去 10 年间，移动互联网就成为拉动经济增长的重要动力。

随着移动互联网红利消失，这个商业空间的大门逐渐关闭，增长变慢，现有的竞争就成为存量竞争，对经济的推动作用也没有之前那么明显了。

如果科技有了新的突破，移动互联网之后的下一个基础平台出现，人们有了新的需求，新模式、新公司诞生，经济也就有了新的增长点。

行动指南

关注科技上的进展，就是关注新的增长空间。

9月 11日 未来的高科技创业

相信往后在这个方面，在高科技方面创业，中国会有越来越多的空间，有越来越

大的需求。这个创业不太一样，这不再是一个学生在车库里或者在宿舍里捣鼓几天，就能做出翻天覆地的事情，他可能需要很多底层的积累，还要有很大的投入，也需要耐心。

中国互联网获得了很大的成功，但更多人认为成功是基于商业模式的创新，而不是科技的创新。这在过去是对的，因为中国总体是落后的。现在发展到这个阶段，甚至可能会超越美国，往后可能确实在底层上有很多投入。有很多人工智能专家说，人工智能方面国内并不落后，但是还有更多领域是需要更长时间投入的，因为我们说，这需要国家投入的支持。

——2017 年 4 月 15 日，新经济 100 人 CEO 峰会，王兴演讲

背景分析

科技上的创新需要长期的积累，这是美国的强项。因此在互联网的上半场，中国全方位落后于美国，表现为更多的是商业模式的创新。

到了下半场，中国有了一定的技术积累、资本积累、人才积累，市场也有了相应的需求，做出具有科技创新的商业公司成为可能。

接下来，创业将会成为技术实力的大比拼，越来越多的创业者将会投入高科技创业中。

行动指南

互联网创业时代也进入了下半场，创业者应有充分的心理准备。

9月12日　高科技深入行业创新

说到高科技这个事情，我想可能我们并没有办法展开讲，我是希望这个事情很重要，它是未来五到十年一个很大的驱动力，但是并不是单做，就像互联网跟各行各业

结合在一起，人工智能和其他的高科技也跟各行各业结合在一起。例如搜索，以我们公司美团点评，这里面看起来跟高科技没有关系，其实我可以讲很多的例子，例如美团外卖送啥都快，我们还有很大的空间，这里面配送成本，怎么样快速到达，而且降低这个成本，现在可能还是靠美团小哥来送，我们也在一方面做基于很多数据和人工智能的路径分析，和派单的，另一方面，无人车，机器人，也并不是很遥远的事情，因为人工智能是无人驾驶，送餐的是可以很快实现的，这并不是很遥远的事情，如果我今天讲一下大家很担心，2020 年感觉到很遥远，大家想一下两年多一点就 2020 年了，其实是非常快的，而且智能驾驶方面，2020 年上半年就要全线上线了，其实挺快的，我相信在送外卖这个机器人会更快实现，中国在这方面，比美国，我们外卖市场规模大很多，我们市场机会大很多，我希望有更多的尝试。

——2017 年 4 月 26 日，"一 π 即合·华兴 π 对"，包凡对话王兴、张一鸣

背景分析

美团要做一家以客户为中心的公司，不是以技术为中心的公司，看起来美团所做的事情跟高科技没什么关系，但其实内部一直在将大笔资金投入科技研发当中。从宏观层面来讲，高科技是移动互联网时代之后，开启下一个增长空间的钥匙；而从微观层面来讲，利用科技提升效率，一直是现代公司在竞争中制胜的关键因素。

比如美团，在实际的业务场景需求中探索应用前沿人工智能技术，主要通过图像识别、语音交互、自然语言处理、配送调度技术，落地在无人配送、无人微仓、智慧门店等场景，所以才有了外卖机器人的机会。这是场景驱动技术的发展模式。

行动指南

高科技的意义在于，与实际场景相结合，创造出更高效的行业应用。

9月13日 加强技术队伍建设

2018 年公司将持续加大研发投入，大力加强工程师特别是人工智能科学家队伍建设，大力建设能支持前台复杂业务的技术平台和业务中台，大力投入大数据、人工智能等技术的研发，大力增强科技创新，为生活服务业高质量发展提供新动能，创造美好生活。

——2018 年 2 月 15 日，王兴 2017 总结内部信

背景分析

美团已经有了包括外卖、餐饮、酒店、旅行在内的上百个生活服务场景，每天都满足巨量的使用需求，而人工智能已经成为支撑各个场景正常运营的重要技术。此时美团外卖平台日单量接近 2000 万单，而且每一单都需要在规定的时间内准时送达，支撑这张即时配送网络的就是美团的人工智能平台。

2018 年，美团研发开支为 70.7 亿元，较 2017 年的 36.5 亿元增长 93.9%，较 2015 年增长了近 5 倍。2019 年年初，美国著名商业杂志 *fast company* 公布 2019 年"五十大最具创新精神公司"榜单，美团高居榜首，取代了 2018 年的冠军苹果。上榜理由是，它是开创性的交易型超级应用。

行动指南

投技术就是投人才。

9月**14**日　餐饮行业数字化

"餐饮行业有 800 万家餐厅，非常分散，它们本身的数字化能力非常弱，需要有平台来帮它们做科技的助力。"王兴谈道，"一个餐厅消费者是否愿意去吃，取决于它的菜烧得好不好，味道好不好，而不在于它的 IT 能力强不强。一方面我们作为一个科技平台，需要引领创新，做好数字化的产品，去助力传统的商家，帮它们实现数字化；另一方面是融合发展，全国有 800 万餐厅，有很独到的味道，你不可能去颠覆它们，所以不要去想科技企业会颠覆线下传统企业，这是不可能的事情。"

——2018 年 11 月 8 日，世界互联网大会企业家高峰对话，王兴发言

背景分析

美团作为一个互联网平台，是不可能颠覆、取代线下餐厅的，美团要做的是服务餐厅的事情，而且是用技术手段对传统餐厅进行数字化改造，提升经营效率、降低经营成本、提升消费体验。

有一个例子，美团点评餐饮商家开店宝 App 中的"全渠道会员"模块，依托于美团点评平台和门店的收银系统，汇集了用户在堂食、点餐、排队、Wi-Fi、外卖、团购、点评、预订、支付等各个场景产生的消费行为数据。通过这些数据，商家了解了用户特征，能够做到更精准、更无感知的营销。

营销只是一方面，开餐厅如何选址、菜品如何定价、菜品是否要更换，在这些问题上商家都可以参考系统数据来做决策。

商家的数字化，远不止这些方面，从供应链系统一直到消费者触达，都是美团可以深入挖掘的领域。

行动指南

企业要发挥自身的技术优势，做好资源整合。

9月15日 技术非万能

克里斯托弗·哥伦布是靠航海发现新大陆，但他并不是靠航海技术比别人更好而率先发现新大陆。

——2020 年 7 月 31 日，王兴在饭否上的发帖

背景分析

技术是社会发展进步的助推器，但是从微观层面上来讲，技术并不能直接决定一个人或者一个组织所能达到的高度。以世界领先的机器人企业波士顿动力为例，其采用液压动力方式设计的四足机器人，能完成"跑酷"、跳跃甚至后空翻等一系列高难度动作，但公司命途多舛，先是在 2013 年被谷歌收购，又于 2017 年被转卖给软银，2020 年年底再被转给韩国现代集团控股。可以说，这家技术能力大放异彩的公司并没有在商业上取得相应的地位。

王兴的这句话表明，他是技术的信仰者，但并不是技术决定论的信仰者。

行动指南

创业者要思考两个问题：公司最大的短板是技术吗？补足技术短板，就万事大吉了吗？

9月16日 互联网的发展脉络

记者：能否帮我们预测一下互联网未来的热门应用？

王兴：我觉得互联网有四大应用：一、获取信息；二、通信互动；三、娱乐；四、

商务。每个应用都会随着时间的推移，产生子类。同时每过几年，都会有一个大的技术变革和趋势，改变这四大应用。比如刚开始的时候，以网页搜索为代表的搜索技术改变了人们获取信息的方式。搜索技术和娱乐相结合，诞生了百度的mp3搜索；而与商务结合，则产生了酷讯和去哪儿。目前这一波技术变革已经基本完成了。第二波是社会化媒体：推特是用social（社交）的方式获得信息，脸书是用social的方式沟通互动。social一旦与娱乐的方式结合，则诞生了偷菜等social games（社交游戏）。我们现在做的美团网，则是social和商业相结合的典型例子。而在social之后，未来将是移动技术和应用，它同样会影响这四个领域。

另外，从IT的本质看，它做的不外乎是信息的采集、存储、展示、传输。很多IT技术都是沿着这条脉络前进的，比如电子墨水是展示，硬盘是存储。最重要的一级是信息的传输，比如以前的互联网，上面眼花缭乱的应用，其物理本质都一样，都是通过光纤、铜缆高速地把信息从一个点传到另一个点。目前这一部分基本完成了，将来影响传输的不再是物理结构，而是人们之间的结构，社交网将成为决定信息传播的主要因素。

——2010年6月29日，《程序员》杂志采访王兴

背景分析

王兴12岁时就对电脑产生了浓厚兴趣，在外媒的一篇报道中，王兴谈过自己早年曾使用调制解调器链接到当时中国的科技先驱们，例如腾讯创始人马化腾运营的为数不多的在线讨论版。对于信息技术的热情贯穿始终，他的多轮创业经历也始终围绕着互联网展开。

2019年前后，王兴逐渐形成了自己独有的方法论，将技术趋势与互联网应用相结合，以预测互联网行业未来几年的发展方向。美团的创立也正是位于移动技术与电子商务的结合点。

王兴提出了信息、通信、娱乐、商务四个方向，搜索社交和移动三个技术变革，之后可能还会在元宇宙、区块链等这些技术变革上找到合适的结合点。

终端用户的需求是不变的，新的技术平台带来了新的满足用户需求的机会。

9月 17日 相信科技的力量

首先是坚定地相信科技的力量，而且这些人相信科技所改变的可能不光是某个商业领域，而是整个世界，我觉得他们真的是体现出自身对这个事情的信念；其次是坚定地相信市场，这可能跟 FoundersFund 的创始人彼得·泰勒个人价值观有关系，他是自由主义者，他甚至资助一个机构研究在公海上建立人工岛。

——2011 年 3 月 11 日，《商业价值》杂志封面文章《王兴这个人》

背景分析

王兴是一个对技术发展充满好奇心的人。2011 年春节期间，王兴趁着探亲的机会在美国硅谷走了一遭，拜访了一圈硅谷 VC 和他们投资的中早期企业。这次拜访使他大受震撼，因为硅谷有这么一群人，真的不计较财务回报，不关注商业前景，而是选择了以改变世界为使命。

这种想法看似狂妄，然而硅谷的确有不少这样的成功案例。这引发了他的思考：为什么这群人可以改变世界？王兴得出的结论第一条就是，相信科技的力量，科技真的能够改变世界。比如 FoundersFund 投资的 SpaceX，如果能够成功，甚至将改变人类探索太空的历史进程。

行动指南

相信科技的人，才能有改变世界的信念和力量。

9月18日 改变世界与商业回报

坚持以科技来改变世界，通常也会获得很好的商业回报，用坚定的科技改变世界的眼光，去看待世界，眼光就会开阔很多，就能在10倍速度的变量突然到来的时候抓住机会。

——2011年3月11日，《商业价值》杂志封面文章《王兴这个人》

背景分析

大多数创业者和VC进行创业和投资的初衷是寻求商业回报。

王兴指出了对科技的坚持能够带来商业回报这一链条的逻辑。一般来说，这种人视野更开阔，更能在大变革来临之时，看到机会，从而抓住机会。

行动指南

改变世界与商业回报并不冲突，甚至两者之间还能形成合力。

9月19日 美团的自动配送系统

从长远来看，我认为自动配送是一种可持续的、技术赋能的配送方式，它将补充基于外卖的即时配送网络。它包括自动配送车、无人机和其他Robotics或机器人技术，以集成空中和地面"最后一公里"的配送系统。这些创新将更好地满足住宅社区、办公园区、大学、开放道路等场所的即时配送需求。

未来，我们希望无人机和自动配送车能够更好地补充现有的配送网络，从而在结构上提高我们的外卖履约效率和单位经济效益，与此同时进一步提升用户体验。而这也将有助于最终实现我们"帮大家吃得更好，生活更好"的使命。

短期内，我们将尝试把这项技术应用到更多场景，包括大学、住宅社区等。我们还将尝试提高不同环境下的运营效率。当然，我们也将会持续通过内部研发或外部投资的方式，努力使我们的自动配送技术更加成熟，长期在这一领域进行探索，对行业做出更多贡献。

——2022年6月2日，美团2022年第一季度电话会议

背景分析

美团外卖目前还是以骑手人力配送为主，但是随着人口红利的消退，基于降本提效的需求，无人配送无疑将成为未来重要的配送方式。

美团一直致力于自动配送车的研发和应用。从2020年年初至今（2022年6月），美团自动配送车已经累计给用户配送近220万单。虽然目前无人机和自动配送车还不能成为主流，但类似设备是对人力的有效补充，能满足一些不适合骑手亲自上门的场景，比如新冠疫情期间在某些地区，无人机可以为居家隔离者进行无接触配送。

行动指南

实现社会层面大规模的外卖自动配送系统尚需时日，但这是一个确定的未来。

9月 20日 人工智能才刚刚开始

原来我思考"下半场"概念的时候，有两个现实：一方面中国的网民渗透超过总人口的一半，这是一个很核心的事情；另一个从很多角度看，例如宏观的角度，中国人口红利过去了，中国劳动力人口数，就是劳动年龄定义的16岁到60岁的劳动人口数量已经下降了——并不是所有事情都会一路向上的——这个拐点也过去了。

我非常同意一鸣的说法，你不能孤立地看移动互联网或者互联网这个事情。人

工智能现在方兴未艾，可能做了几十年的铺垫，现在终于有强大计算能力、很多的数据，也有好的算法，它才刚刚开始。这个事情并不是很简单的一个东西结束之后再开始另一个事情，钱穆当年有句话，叫"过去未去，未来已来"，它是完全交织在一起的。所以在于每个时间点你是往回看还是往前看。

——2016 年 11 月 21 日，乌镇互联网峰会，TMD 对谈骆轶航

背景分析

互联网上半场和下半场的分界线，有明显的标志性事件，比如中国网民渗透超过总人口的一半、劳动力人口数量的下降等。但是互联网公司从上半场转移到下半场，并没有一个特定的时间线。人工智能等新的科技手段在不断进步，其威力也在逐步释放，管理者不能够等着某个时间节点到来，宣布自己进入下半场，而是要跟着科技的步伐往前走，在前进中寻求机会。

时代的变化总是渐进式的变革。一流的公司能够引领时代，二流的公司能够跟上时代，三流的公司则会落后于时代。

行动指南

不要等待时代的节点，要相信自己时时都处于改变的节点。

10月
业务拓展

10月1日 选择机会

在这个巨大的潮流当中，有很多的机会，每一个机会都会有足够的空间让公司去成长。所以这个阶段，我们没有必要说一下把所有东西糅合在一起，我们选好一个事情，把它做专做精，让在这个行业里面接受服务的各方都满意，我觉得一定会有很好的前景。

——2011年3月，王兴内部讲话《团购是超完美的商业模式》

背景分析

一个初创企业的第一步，是要选好一个方向，把这个方向做精做透，做到行业领先。至于公司要进入其他领域，那一定是在公司的第一曲线已经完全走上正轨的情况下才能进行的。否则这家公司的根基不稳，没有足够的现金流和品牌力支撑，很容易陷入多点失血、顾此失彼的局面。

机会有很多，但是不可能全部把握住，资源不允许，条件也不允许。只能找到自己最适合的机会，并在其中成长。分散精力，反而会削弱己方的核心优势。

拼尽全力抓住第一只鸟，再去考虑林中十只鸟。

10月 2日 酒店业务的"意外"

我们可以看到，在之前的行业里面，我们本地吃喝玩乐都做。餐饮很大，很多地方我们还不占优势，我们还需要加强。酒店行业，可以说是"无心插柳柳成荫"。它并不是最早规划的选择，但一方面，因为我们很多销售同事在拜访商户的时候，把很多以前不在网上的酒店搬上来了，所以我们有比别人更大的酒店POI（信息点）的门店数。另一方面，因为我们的餐饮、电影、娱乐各方面的本地生活服务把消费者吸引上来了，他们之前并不是商旅用户，并没有线上预订酒店的习惯，因为美团的其他服务，他们来了，有酒店的预订习惯了。所以我们在酒店行业迅速成为一匹黑马。

——2014年2月，王兴内部讲话《"危·机"与"成长"》

背景分析

美团的酒店业务脱胎于团购业务，初期完全属于自生长的模式，2013年交易额达20亿元，占酒店团购行业的市场份额近70%，合作酒店数量超过10万家，在当时成为携程、艺龙等OTA（online travel agency，在线旅行社）之外的第三大酒店分销商。所以当年美团内部就成立了小分队来摸业务逻辑，2014年，美团酒店业务被划拨成独立的事业部，并于次年正式从团购转向预订发展。

美团酒店的出现揭示了美团业务扩展的一个逻辑，就是围绕平台中的赢利性价值最强的业务，摸索商业底层逻辑，找到适合美团进入的商业模式，聚焦优势资源，进行垂直发展。这一业务扩展模式后来被称为"T形战略"。

在美团的T形战略中，横线就是最初大力发展的团购平台，然后以团购为入口，打造猫眼电影、酒店、外卖等多个独立的业务单元，形成一个个T形结构，力图覆盖用户吃喝玩乐的所有典型场景，提升用户黏性的同时，在垂直领域深耕，提供更优质精细化的服务。

行动指南

美团模式是，搭建起满足用户某一类综合需求的平台，再从中寻求突破点。

10月 3日 随时都有新变化

这么大规模的会议我们每年只能开一次，但在我们这个行业，我们并不以"年"为单位来讨论这个事情，所以我认为更激动人心的项目很可能并不只是我们刚才讨论的这些事情，而是在接下来的几个月里、在明年年会之前会冒出来的一些事情。所以2014年我们会开发更多城市，我们会有更多新业务，包括我们现在还不知道的一些新业务，这一切都会带来很多挑战，但也给大家带来了很大的机会。

——2014年2月，王兴内部讲话《"危·机"与"成长"》

背景分析

2012年年底，王兴认为团购市场的战斗会很快结束，王慧文就在美团内部牵头组建了创新产品部，去探索和孵化更有竞争力的产品。在大半年的时间里，他们先后尝试了CRM、商家Wi-Fi、ERP、智能收银等十几个新项目，其中最看好的是给商家铺设Wi-Fi这个事情，但是当时条件并不成熟。

结果到了2013年年底，王慧文和美团10号员工沈鹏就看到了外卖的机会，放弃了其他项目。美团外卖成立后疯狂扩张，在接下来不到一年的时间里，开到了200个城市，日订单量超过了100万单。

成为市场第一的团购平台后，美团在主动寻求更多新业务和发展机会，内部也一直寻求业务上的突破和创新，时常会有新产品出现。

此时的美团，业务上的增长与变化是非常迅速的，这既有外部市场快速发展壮大的原因，也有组织力的原因，是美团组织力强大的体现。所有人在应对眼前问题的同时，也要随时做好准备，迎接新业务。

行动指南

拥抱变化，拥抱新业务。

10月 4日 互联网改造服务业

一年下来，我更加相信，互联网对服务业的改造速度和规模，会远远超过此前互联网对商品零售业的改造。淘宝改变了亿万人的生活，也改变了千百万人的命运，但它带来的变化主要还是在最后的零售环节。但服务业可能就不一样，美团做的是改变行业的事情，其他公司也在往这个方向发展，比如e代驾，一个公司彻底改造了一个行业。

——2015年1月15日，《财经天下》周刊年度特辑专访王兴，讲述他的2014关键时刻

背景分析

互联网正以惊人的发展速度颠覆着我们的生活方式，改写和重塑着我们对于商业的认知。王兴是最早看到服务业未来的人之一。

王兴后来重新谈到过这个观点，他提出，在未来的两到三年内，以传统快递行业和传统线下商超零售产业为代表的诸多行业，都会与O2O进行剧烈整合。

回头来看，现实证明了王兴的判断。接下来的几年，以每日优鲜为代表的前置仓模式、以盒马鲜生为代表的店仓模式等，都在借助同城物流的力量，在生鲜零售市场进行创新试验。便利蜂崛起，无人货架模式昙花一现，社区团购行业展开全国大战。

传统的线下商超，先后与达达 - 京东到家、美团闪购等平台展开合作，相继杀入零售变革的战场。最具有代表性的零售行业，确实发生了翻天覆地的变化。

行动指南

只有研究自己的行业会不会受到新技术的冲击，以及可能会发生什么样的变化，才能在变化中寻找到机会，从而吃到变革的红利。

10月 5日　做大变革中的最大赢家

我们已经有 O2O 行业最大的平台和最突出的优势，接下来要做的就是在已有的基础上，继续扩展交易人群，完善支付环节、履约服务，同时继续增加服务品类，在各个垂直领域有区分、有重点地精耕细作，使各领域相互拉动，达到整体大于部分之和的效果。在互联网商业大革命的时代中，我们将继续做综合的平台以满足用户综合的需求，为用户提供最丰富、最全面的生活服务。争取将优势变为胜势，做大变革中的最大赢家。

在 2011 年美团一周年的发布会上，当时我曾估计 O2O 行业的规模是 900 亿元。但是我们很快意识到，互联网对服务业的改造速度和翻天覆地的程度，会远超过互联网对商品零售业的改造。就在两年之后的美团网年会上，我们大胆地提出，要在 2015 年实现 1000 亿元、在 2020 年元之前实现 1 万亿元交易额的目标。这一目标今天看继续保持不变，我们甚至要比之前更加乐观。在我们所有同事的持续努力下，我认为我们完全有机会打造一家超过 1000 亿美元市值的公司！

——2015 年 5 月，王兴在"美团管理论坛"的谈话

背景分析

虽然近年来，O2O 的概念已经过时，但是 O2O 带来的风暴仍在继续。一家公司能

够看到趋势、把握趋势，进而影响趋势，未来的发展就有了极大的确定性。

美团也的确在朝着王兴设计的方向发展，不断扩大平台的市场份额和交易人群，在垂直领域提升服务质量和交易效率。创立 10 年后，美团市值最高点超过了 3000 亿美元，远超当年 1000 亿美元市值的预估。

行动指南

了解趋势之后，只有具备足够的行动力和对细节的把控能力，才能抓住趋势中存在的机会。

10月6日 时机就是一切

《财经》：如何看待 58 到家这样专注在上门服务上的竞争对手？你们未来是否会进入彼此领域？

王兴：Timing is everything（时间决定一切）。很多事情不是简单地对或错，而是看你在什么时机做。上门和到家，就"吃"这个需求，它的增长、它的 ready（准备）程度比保洁阿姨要强很多。所以我不觉得这个时候我们要自己组建一支线下阿姨队伍。

——2016 年 1 月 28 日，《财经》专访王兴

背景分析

在美团与点评合并后，O2O 独立平台之间的战争结束，对于美团未来的发展走向，外界有许多猜测，其中一种就是，各行各业的 O2O 创业之风方兴未艾，58 到家、e 代驾这样的公司层出不穷，美团既然已经做了外卖，会不会再选择进行其中一个或几个垂直领域，与这些小公司直接竞争呢？

王兴给出的答案是，做不做一件事，看的是时机。时机成熟，一方面是消费者需

求出现了，另一方面是外部条件合适，比如说有足够的供给等。在这种情况下，美团可能会选择进入该领域，而此时显然不合适做上门服务。

行动指南

时机到了，事半功倍；时机不到，事倍功半。

10月 7日 业务扩张逻辑

《财经》：美团的业务扩张逻辑是什么？

王兴：举个例子，电影虽然我们是第一名，但我们不认为这个行业战争完全结束了。我们一方面继续扩大市场份额，另一方面在产业链、价值链上下游有更多参与。外卖也是，虽然已经到一天 230 万单（最新数字是 270 万单），但是相比整个潜在市场规模来讲还是很早期。所以在外卖领域我们也不会光做交易，我们也会涉及配送甚至扶持上游供应商。

——2016 年 1 月 28 日，《财经》专访王兴

背景分析

不论是电影还是外卖，潜在市场广阔，此时的美团仍然处于竞争状态，处于要稳固并进一步提升市场地位的阶段。

所以美团的业务扩张：一方面，要在市场份额上下功夫，进一步占领市场；另一方面要参与产业链的上下游。单纯的信息聚合平台和营销平台难以沉淀用户，缺乏与产业的深入融合链接，模式极轻而壁垒极薄，很容易就会被相似的服务替代。深耕产业链、价值链，平台在行业中才能逐步获取话语权。

想要站稳脚跟，就是要深入到产业中去。

10月 8日 不抢对手业务

大家的目的不是攻击或者其他，而是要保证安全和增长。所以我觉得这个各个企业，不管大小，尤其是大企业，它更会从这两个点出发，一是安全，二是增长空间。我们做所有业务目的都不是把对手业务抢过来。

——2016 年 11 月 21 日，乌镇互联网峰会，TMD 对谈骆轶航

背景分析

业务的扩展不是紧盯着对手业务，不是以竞争为边界，而是以公司本身的安全和成长为边界。保证安全的前提是做好自身业务，成长的前提是符合战略原则地进行扩张。

以对手为标杆，盲目扩张，是对自身的一种伤害。

行动指南

保证安全与增长，而不是保证竞争与超越。

10月 9日 业务的取舍

《财经》：你曾经说美团做打车的逻辑之一是基于用户需求，用户去餐厅需要出

行，需要打车。可去餐厅的路上用户可能也需要看淘宝，你为什么不做淘宝呢？

王兴：你不觉得关联会更远吗？当然新零售我们也干，我们马上要在线下开店。我们对业务的选择，和客户需求相关，也和业务能力相关。网约车和外卖对能力的需求很像——结合线下，各个城市布点，用互联网提升体验、降低成本。

——2017年6月21日，《财经》，《对话王兴：太多人关注边界，而不关注核心》

背景分析

王兴的思维内核是清晰的，不设限是他的基本原则之一。但业务上不设限，并不意味着所有业务都能做、都要做。美团做什么，是要有清晰的逻辑的。

一方面，美团对某项业务没有绝对的做与不做，只会根据实际情况，比如时机、环境、客户需求做出选择；另一方面，业务需求与目前的业务能力是否相近、美团相比市场上的其他玩家是否有效率优势，是王兴取舍之间重要的判断依据。

行动指南

选择一项新业务，既要考虑到客户需求是否存在，也要考虑到自身能力是否能够承接。

10月 10日 边界与核心

《财经》：美团的业务边界在哪里？还是完全没有边界？

王兴：太多人关注边界，而不关注核心。你可以把边界理解成万有引力，每一个物体因为质量的存在，它会产生引力，会影响其他所有物质。差别就在于——离核心越远，影响力越小；或者是它本身的质量越小，影响力越小。

万物其实是没有简单边界的，所以我不认为要给自己设限。只要核心是清晰的——我们到底服务什么人？给他们提供什么服务？我们就会不断尝试各种业务。

——2017 年 6 月 21 日，《财经》，《对话王兴：太多人关注边界，而不关注核心》

背景分析

为什么要做到不设限？

因为万物是没有简单边界的，而且一切情况都在发展变化当中，公司也是如此。许多企业家都有自己的"打脸时刻"，之前公开表示不愿意做的事情，随着事态的变化，后来又接受了。

但是一个人一旦在脑海中给自己设限，就会阻碍自己看待世界的角度，明明可以从客观事实出发，做出一个相对客观的判断，此时却要找理由去说服自己此前的决定是错误的。这不利于个人或者公司积极地面对变化、拥抱变化。

但是人仍然要有取舍和选择，人的选择在于抓住个人需求的核心，而公司的选择则是要抓住公司业务的本质。美团的本质问题就是：满足哪些用户的哪些需求。按照这个来排序，业务边界就一目了然了。

行动指南

确定满足哪些人的哪些需求，仍然是一个不错的确定边界与核心的办法。

10月 11日　策略选择

《财经》：是否会大规模烧钱去做打车？

王兴：你得明白一个事情做和不做的目的是什么，而不是简单地说做和不做。当年烧钱是为了教育乘客、司机以及普及手机支付，现在这个事情都完成了。而且，我们不能靠烧钱烧赢，而是应该提供更好的 B 端、C 端体验，和更好的产品结合，然后让消费者做选择。

——2017 年 6 月 21 日，《财经》，《对话王兴：太多人关注边界，而不关注核心》

背景分析

是否进入某项业务是一项选择，进入之后如何做是另外一项选择。美团是善于打仗的公司，虽然王兴的观点中，同向为竞，相向为争，他与同行之家竞多争少，但不可否认的是，美团确实在团购、外卖等许多场关键战役中取得了胜利。

烧钱是竞争的一种形式，是赢得胜利的必要非充分条件。在团购时期，拉手、糯米等一众对手的融资额都比美团要高，比美团更能烧钱，结果却是美团取得了最后的胜利。一方面是，这些对手不会烧钱，在地面广告等方向花了不少冤枉钱；另一方面则是，美团的效率更高，用户体验更好，用自己的服务赢得了客户。

要不要烧钱做打车，其中的关键在于，烧钱的意义有多大。如果只是烧出一片市场的话，这种烧钱方式最后比拼的就是公司资金实力，但是对业务核心能力的提升没有帮助，烧出来的市场也很容易被其他人烧走。

行动指南

做什么，不做什么，还是要看是否能从根本上解决问题。

10月
12日 业务的延伸

王兴说，他并没有被资金实力雄厚的竞争对手吓倒，而是专注于跟踪中国新兴中产阶级的需求。

"当你关注所有垂直类别时，它们或多或少地拥有相同的用户群体。"他说，"谁想出去吃饭，谁需要订餐，谁需要看电影，谁想要旅行，谁想要租车？客户群体是同样的。"

——2018 年 3 月，王兴接受美国科技网站 The Information 采访

背景分析

王兴回答了美团的一个核心问题，即服务哪个人群，满足哪些需求。美团服务的是中国新兴中产阶级，满足的是他们吃喝玩乐的需求。既然同一批人有多重需求，基于其中某一个需求，比如订餐吃饭，下载了美团，美团就可以尝试其他业务，以便承接这批人其他的需求。这是美团做共享单车、打车等业务的基本逻辑。

行动指南

专注客户的需求。

10月13日 关于专注

另一方面，很多建议说专注重要。雷总说创业七字诀是：专注、极致、口碑、快。专注是排第一位的，因为创业比拼的是个人、团队，就像刀锋一样，越专注越有力量，这个是容易理解的。尤其是对创业公司来讲，无论有多少帮助和支持，你的资源都是相对有限的，所以专注是非常必要的，但是这个也有反例。

首先专注是事情聚焦，不要一下做很多事情。但如果你把自己的业务范围设得太小，有时候会故步自封，最后你会发现你在格局上是完全输了，不管多么多么努力都是不可能赢的。

比如早几年，淘宝做得非常厉害，资本也雄厚，它做对了很多事情，其实也做错了很多，但最重要的事情是它选择了一个做大平台的方式。回头看，2003年左右开始起来的那些公司，如果专注做一个垂直电商基本上是没有胜出希望的，这在策略上一开始就输了。

——2014年12月，源码资本第一届码会，王兴演讲

背景分析

王兴讨论了什么叫创业者的专注。专注是资源聚焦、人脉聚焦、资金聚焦，而不是把注意力搞得太分散，今天看这个赛道好，就投身这个赛道，明天看那个产品好，就转过去搞那个产品。结果到最后，哪一个项目都没搞好。创业者要坚定自己的选择，内心有一套自洽的商业逻辑，选定赛道后，不论其他的项目再有吸引力，都不能分散自己的精力。

专注不是指创业领域的狭窄，有些人认为专注在一个高度垂直细分的领域就是专注，其实这种项目难以挖掘客户价值，收益与获客成本比不能达到最大化，反而很难取得成功。

行动指南

要专注于眼前的业务，一条胡同走到黑。

10月
14日 与线下业务融合发展

一个酒店做得好不好，跟它的接待能力相关，不光是数字化程度高低的问题，线下生活服务业都非常典型。在其他的行业，可能供给侧的情况不完全一样，但有很大一类应该是融合发展的思路，而不是去颠覆。

——2018 年 11 月 8 日，世界互联网大会企业家高峰对话，王兴发言

背景分析

线下生活服务业最重要的是供给，也就是服务能力和接待能力，这些事情是所有的互联网公司都没有办法做成的。互联网公司能做的事情，只有去协助商家，做好数字化转型，提升服务效率。

美团不可能亲自下场去做酒店、饭店，但是可以去做商家背后的 SaaS（软件即服务）平台，去做商家需要的 ERP 系统。这是美团在服务业做供应链的思路。

行动指南

互联网与实体经济走的是融合发展的道路，各自发挥自身优势，方能取得效益的最大化。

10月
15日 零售 + 技术

分析师：关于你们近期的一个新策略，你们将"食品 + 平台"的策略升级为"零售 + 技术"的策略，其中的原因有哪些？你们在组织上的重组有多大的重要性？

王兴：首先，我们在将食品扩张至零售，很多人以很窄的视角看待零售，认为零售也就是向消费者销售产品这么一种 2C 的概念。然而，我们看待零售的视角更加广阔，即向终端客户销售产品或服务，我们认为这才是零售原本的定义。因而零售可分为产品零售和服务零售两类。终端客户包括消费者，也包括那些中小型商家。

按照这样的定义，其实美团从一开始就涉足零售行业了。我们最早在 2010 年通过团购做起了服务零售，后来我们逐渐扩张至商品零售，通过我们的外卖业务向消费者提供饭店的菜品。近期，我们通过各种商业模式进一步增加品类，如鲜花、药品等。

我们有美团闪购这一基于市场的模式、美团优选这一甲方零售模式及其"预订 + 自提"模式和"次日送达"模式，这些业务让我们得以满足不同市场中、不同情境下消费者广泛的需求。零售业务将是我们的重中之重，我们会提升我们的最根本的能力。

另外，我们从平台升级至技术。过去我们谈平台的时候，我们是在谈手机端互联网平台。美团是始于网页的，继而发布了手机 App，我们的宗旨是帮助消费者吃得更好、生活得更好，我们能够通过技术来实现这一宗旨。技术能够促进供应端数字化转型，尤其是数百万中小型餐厅及本地商户的转型，也可促进更多的用户留在我们这个平台。通过持续不断地对技术进行投资，我们拥有了全球最大的外卖网络。有了这一网络，我们可以将任何商品在 30 分钟内送到消费者家门口。我们还对相关硬件的研发进行投资，尤其是"无人送件"这一块。我们第三季度的研发成本上涨了很多，同比增长 8.8%。我们还对其他相关的前端科技进行投资。作为技术开发者，我们认为其将推动自动化、机器人、物联网等领域更广泛的发展。

近期，我们做了一个架构上的重组，我们部署了高层团队来负责商品零售业务并加强组织上的能力，进一步整合资源，增强业务间的协同性，这从长远角度来看，对建立整体的零售能力是至关重要的。最后，我想强调，不管我们的业务如何演化，我们的宗旨不会变，也就是我们的宗旨是帮助消费者吃得更好、生活得更好，这是需要我们持续地努力和投入的。我们也希望能够为我们的社区创造更多的社会价值和商业价值。

——2021 年 11 月 26 日，美团财报电话会议实录

背景分析

美团为什么要做零售？王兴的逻辑是，如果按照大零售的概念，即向终端客户销售产品或服务来看，美团做的一直都是零售业务。只不过之前做得更多的是服务零售，现在要增加品类，要做实物产品的零售。

美团入局零售业务是有迹可循的。一方面，美团业务的出发点，是希望能帮助用户实现生活得更好的目的，电商零售是美团本地生活业态中的重要一环，这是绕不开的需求。

另一方面，做零售所需要的能力，其实和做外卖所需要的能力有不少重叠之处，比如服务商家的能力、即时配送的能力等。这是美团能够进入电商零售的基础。

将"食品 + 平台"的策略升级为"零售 + 技术"的策略，是因为零售和技术是美团的未来。前者揭开了用户更大的需求池，后者是美团能够提升行业效率的关键因素。

面对市场环境的变化，从不同的角度重新定义业务的概念，能够为业务带来新的机会。

10月 16日 用户增长与用户价值增长

我喜欢思考一些边界的问题，划分一半一半是最容易的边界。很多问题都是 A 乘 B 的问题，例如：用户数乘以每个用户平均时长，那是总花费的时长；或者用户数乘以每个用户创造的价值，是总价值。增长有几种情况：一个是 A 涨 B 也涨，这个增长最快；一个是 A 涨 B 不动，这是一种增长形态；一个是 A 涨 B 下降。就这几种组合。可能最早两个都涨，用户数快速增长，还能翻倍，每个用户的价值也能够翻倍。

到今天，从用户来讲，中国的网民过了一半，中国 13 亿人，现在 7 亿网民过了一半。全球也正好差不多，那么你的用户数不可能翻倍了。但是每个用户能够创造的价值还远不只能翻倍，还有巨大的上升空间。

——2016 年 11 月 21 日，乌镇互联网峰会，TMD 对谈骆轶航

背景分析

之前的互联网公司增长强调的是活跃用户数的增长，特别是在互联网还有人口红利的情况下，衡量公司的增长，DAU（daily active user，日活跃用户数）和 MAU（Monthly Active User，月活跃用户数）是最常用的指标。

但是到了 2016 年，人口红利几乎要走到尽头，国内外网民数量超过人口数的一半，活跃用户不可能翻番，因此增长空间也不大了。深入挖掘用户价值，就成为推动公司增长的新引擎，如 ARPU 值（average revenve per user，每用户平均收入）之类的指标开始受到重视。

行动指南

在用户增长减缓时，提升单个用户的价值，也是推动业务增长的办法。

10月17日 业务扩展的下半场

因为之前我在讲下半场的时候我也说了，我认为下半场可能有三个大的增长点出路。第一条路是真正的硬科技，因为我觉得科技有很广的层面，通常理解的是一种特别 hard core 的技术，人工智能或诸如此类的，这是一条路。

那第二条路是跟传统产业的全面深度结合，这也是一条路。

……

第三条路就是海外市场，因为还有更多未开垦的，或者用户还没到像中国一样，已经过半饱和的地方。

——2016 年 11 月 21 日，乌镇互联网峰会，TMD 对谈骆轶航

背景分析

2016 年，王兴已经在考虑美团未来的业务拓展问题，他认为，在现有的发展中离不开上天、入地、全球化这三条道路。

技术解决的是效率问题，产业端解决的是供应链问题，海外解决的是市场问题。对大部分业务来说，这三个方向是决定成败的关键。当现有的增长方式到达极限时，从"人货场"的底层逻辑出发思考问题，才能找到新思路。

行动指南

增长的本质就是，增加人的数量，提高货的价格，提升场的效率。

10月 18日 业务时机

预测未来几乎是最难的事情，不过也有一些办法。一、学习历史，从历史中寻找规律。二、看看别人的预测，然后体会和学习。三、对比一下现在，看历史上的预测是不是准，然后学习。

其实美团的很多业务，我能判断大概有些业务一定会发生，但无法准确判断时间点。所以我们就每隔一两年，派个团队上去试一下喽，总不会太错过机会。

——2015年美团内部CEO沟通会

背景分析

一项业务做与不做，主要看两个方面：第一是客户是否有足够需求；第二是外部条件是否成熟。客户的需求是切实存在的，问题的重点就变为了判断时机是否成熟。

时机是最难把握的，天时、地利、人和一样也不可缺。舆论环境、市场环境、供给能力等都可能成为制约因素。为了不错过时机，王兴会选择派团队不断尝试。

比较典型的案例就是美团的共享充电宝项目，因为效果未达到预期，以及内部项目太多忙不过来，前后两度被搁置，2020年年底又在全国范围内大规模重启。

行动指南

不断尝试，才能找到机会。

11月

社会责任

11月 1日 有益，有趣，有利

　　我做一件事的标准：有益，有趣，有利。有益就是对社会有价值，这样说可能显得有点高（尚），但我们确实应该把我们的世界建设成一个更美好的世界，因为我们就生活在这里。在有趣和有利之间权衡，我还是把有趣放在前面，即自己要觉得这份工作好玩、来劲。有利就是要有赢利模式、有利润。我们生活的时间其实很短。如果采用不同的换算单位，你对生命会有不同的看法。如果说人活 80 年，你可能感觉不怎么样；但如果换算成秒呢？那就是 25 亿秒……

——2010 年 6 月 29 日，《程序员》采访王兴

背景分析

　　一家企业的文化中是否蕴含有社会责任感的意识，取决于企业家本人的思想观念中是否有足够的社会责任感，很大程度上来说，一家公司的商业道德反映的是企业家本人的道德水平。

　　至于评价个人工作的价值，王兴的价值评判中就包含了对于社会责任的要求，因为对社会有益的工作才值得去做，所以他要创办的企业也是要对社会有益的，这才是值得经营的企业。

创业者的个人价值观是公司价值观的基础，也决定了公司对于社会责任的态度。

11月 2日 提升社会效率

我觉得"有益"，是让这个社会运转更有效率。美团是非常典型的，我们合作得最好的商家，固定成本很高，边际成本很低，有剩余服务能力，电影院就是其中之一。它的建造成本很高，放映的成本也很高，那么座位空着，多一个人看，少一个人看，这边际成本几乎为零。但是如果有很多电影院闲置，每一家都没有充分发挥它的能力，这其实是非常浪费社会资源的。如果我们能通过互联网的方式，让消费者相对理性地把足够的电影院都填满，那么总的需要运营的数量就变少，那么这个浪费的投资就变小。所以美团现在是一个市场经济下面的计划经济。

因为例如你今天团购的美团的电影票的券，半个月有效，半年有效，那么你就要有计划地在半个月、半年内把它给消费掉。那么商家也知道有这个需求，所以这是一个很有趣的市场经济里面的"计划经济"。

——2010年9月，王兴做客网易财经

背景分析

创业和做生意的不同之处在于，做生意只需要考虑赚钱，创业必须考虑社会责任问题。因为创业是改变世界、实现自我价值的一种手段，生意人没有这样的需求，他们只需要不违法乱纪，赚到钱即可。

赚钱可以把个人利益放在首位，创业一定要把社会价值、公共价值纳入议事日程。创造社会价值，就是王兴工作中很重要的指标。

美团的商业服务，有没有创造社会价值呢？从电影这个垂直品类来看，团购电影票达到了更高效利用社会资源、减少投资浪费的目的，的确创造了社会价值。

为社会提供价值，也是企业家的自我要求。

11月
3日 团购的价值

这是一个很容易理解的事情，但是很大，要去细分。大家可能从媒体上也会看到很多概念，比如O2O，线上到线下，通过互联网去帮助进行线下消费的消费者和从事线下服务的商家。团购可能只是其中的形式之一，或者说最初的每天一团是O2O的一个起点，是一个最容易切入的形式。在之后，整个O2O本地电子商务这个事情还会有很多其他的形式，事实上在不断变化，消费者和商户的需求也在不断变化。

所以，我们需要对这个情况有最敏感的了解，及时做出反应，不断地适应这个变化。更重要的是，我们冲在前面，推进这个变化，因为本地商家是不上网的，有了美团，很多商家终于接受互联网了，也感受到了互联网的威力。我们在引领这个变化，推动这个变化，这里很重要的一点是我们会接触到一些商家，这些商家不光是原来做得成功的率先使用互联网的，更重要的是它们是完全适应团购这个形式的。对此可能一些同事因为接触过所以是知道的，还有其他一些同事可能还没有充分了解，我们现在做的事情对本地商业会有多么大的影响。

——2012年3月，王兴内部讲话《如何度过行业寒冬》

背景分析

团购的价值是清晰可见的。消费者和商户的需求在不断变化，美团对于本地商业的变革有着巨大的影响，甚至于改变了原来的生态结构，那些率先使用互联网、使用团购形式的商家取得了成功，不适应团购的商家被落在了后面。

作为连接了成千上万商家的平台，美团引领了本地商业的变化，帮助商家适应互联网时代的营销方式和销售模式。这是美团在团购上对社会的贡献。

创业项目对整体行业生态应当产生正向价值。

11月 4日 改变线下服务业格局

淘宝上卖家最成功的并不是原来线下开店开得非常成功的，相反，很多是原来没有在线下开店的，它顺应大的新潮流，没有旧的束缚，没有门店的束缚，到淘宝开店，完全按照新的游戏规则在新的市场里做，它就做得最好。淘宝这个例子已经非常明显，团购行业也一样，所以我们在合作过程中，要对所有商家都好，但是我们要非常清楚，有一部分商家它是最适应互联网的，是最适合团购的，最后我们可能会形成一个最好的紧密合作关系，通过线上线下的完美结合去改变这个行业的格局，去服务消费者。

——2012 年 3 月，王兴内部讲话《如何度过行业寒冬》

背景分析

美团之于线下服务类商家，就像是淘宝之于线下实物类商家，既提供了新的流量入口和营销模式，也起到了颠覆原有商业格局的作用。线上线下是完全不一样的卖货逻辑，需要不一样的人员素质、销售技巧和组织形态。之前线下卖货卖得好的，在淘宝上不一定是头部商家；之前没有做过生意的，去做电商反而有机会杀出重围。

团购行业也是如此。有一部分商家是适应互联网、适应团购的，它们就会在这个生态中处于有利地位。美团在改变行业格局，这是一个确定无疑的趋势。

行动指南

新平台和新模式的出现，导致原有的行业格局被打破，新的消费习惯逐步养成，商家和消费者都从中受益，从而带来了社会效率的提升。

11月 5日　找到工作的意义

　　为什么美团这个事情是一个非常重要的事情，是一个光荣的事情，我回想大概三年前，当我们刚刚开始做美团的时候，规模还非常小的时候，曾经有媒体的朋友问我："你之前做校内网、做饭否，它是一个社交媒体、社交网络，看起来是不是更能影响信息传播，是更有社会意义的事情？做电子商务、做美团也很好，但是不是有一点儿俗了。"我毫不犹豫地，而且非常理直气壮地告诉他："不俗！虽然美团干的事情是吃喝玩乐，是大家每一天几乎都需要的事情，是非常普通的事情，但是我觉得它一点儿都不俗。因为在我看来，我们干的事情有一个非常重要的意义，那就是我们给消费者提供更多更好更便宜的吃喝玩乐的机会，它背后的含义是我们帮助消费者做更好的选择，给他们更多选择的权利。"

——2013 年 2 月，王兴内部讲话《O2O 是一个数万亿的超级大"蓝海"》

背景分析

　　企业存在的意义，决定了企业家工作的意义。

　　校内网作为一个社交网络，能够担负起信息传播，做人与人之间的连接的责任；给消费者提供更多更好更便宜的吃喝玩乐的机会，就是美团能够存在的最基本的价值。连接消费者和商家，帮助消费者做出选择，也是美团创立之初自然而然担负起的社会责任。

行动指南

　　找不到意义的企业家，难以把工作做到极致，公司也缺乏追求极致的精神。

11月 6日 给消费者更多选择

它给每个人更多选择、更多自由，然后也让那些诚信的、提供优质服务的商家能够在这种投票的选择中获胜，从而发展得更好，这会让我们整个世界更好、整个社会更好，让我们每个人生活在我们更想要的世界里面。

——2013年2月，王兴内部讲话《O2O是一个数万亿的超级大"蓝海"》

背景分析

如果说以前的线下到店消费就像是开盲盒，现在消费者可以用自己手上的订单作为选票，将那些优质的商家从中挑选出来，让那些服务能力不足的商家慢慢沉下去，从而提升整个社会的服务业水平。

美团以技术为工具，构建了一个消费者在互联网上选择本地服务商家的自由市场。推动线下商家服务升级，就是商业模式中隐含的社会意义，也是美团的立身之本。

行动指南

给消费者选择的机会，就是在刺激行业的进步。

11月 7日 为中小商家提供技术服务

美团点评作为一个最大的互联网餐饮平台，我们过去几年做的，还只是很薄的互联网化，我们通过互联网、移动互联网，帮餐饮企业、帮本地生活服务企业引流，这是比较薄的一层。事实上要真正服务好它们，不光需要做引流，而且需要全面地帮助它们提升效率、降低成本。

例如，人工成本越来越高，我们怎么样通过 ERP 帮助中小商户提升人员效率？怎么样帮它们提高采购的效率？

另外大家知道，商业地产整天讲"地段"，一个店最后是否赚钱，开的位置选在哪里非常重要。美团点评有最丰富的用户大数据，可以帮助商户决定开一个店应该在哪里，到底新店应该卖火锅还是烤鱼。

我们有很多各方面的数据，是可以帮助商户做决策的。但是这个东西要发挥作用，需要深度融合，而不是停留在简单地通过互联网去导流。

——2016 年 8 月 26 日，亚布力论坛，王兴演讲

背景分析

在美团成立的前几年间，美团在餐饮业的改造上，做的主要还是引流、营销、团购这些工作，和之前相比，美团的成立的确提升了交易效率，也改进了人们的消费体验。

但是到了 2016 年，整个社会层面的 O2O 走过第一阶段，单纯为买卖双方提供信息流通渠道对服务业效率的提升也已经到达了极限。中小商家需要找到办法进一步增强自身竞争力。而美团不只要做信息流通的平台，还要深入到整个产业链的上游。两者一拍即合，美团通过技术帮助商家提高效率，包括人员效率、采购效率和决策效率，从质和量两个方面提升整个社会服务业供给。

行动指南

企业提供数字化服务也是进行社会数字化建设的一环。

11月
8日 食品安全

另一方面，在实际落实过程中，因为规模很大，小概率事件可能就会发生。我们

对这个事情很重视，投入很大，比如我们有非常核心的同事担任首席食品安全官，专职负责食品安全监督和处理。

因为我们是一个更集中的平台，通过信息化手段更好管理，总体看起来比原来零散的、没有管理的要好很多。我们和政府去合作，帮助政府去建立一个绿色通道，这其实对加强监管是有帮助的。

——2016 年 11 月 21 日，乌镇互联网峰会，TMD 对谈骆轶航

背景分析

外卖的食品安全问题由来已久，平台作为一个连接商家和消费者的中间者的身份，最初只是一个信息分发渠道，但是食品安全问题重大，平台作为商业行为中的重要一环，居中收取佣金，理应担负起一定的责任，尽可能阻止安全问题的出现。

特别是在外卖已经成为全民性的饮食渠道的情况下，消费者不仅要求"吃到"，还要求吃得更健康、更科学、更"负责任"。在日单量上千万的外卖平台中，每增加 1% 的安全问题发生概率，就有数以 10 万计的消费者权益受到侵害。

但是实现食品安全仅仅依靠美团的力量是不够的，还需要平台、商家、行业协会、餐饮上下游产业链的共同努力。之后，美团外卖与中国烹饪协会等组织以及数十家餐饮外卖品牌共同发起了"绿色外卖行业公约"，通过推出业内首个无餐具选项回应环保组织对外卖平台的环保关注，通过推广"外卖放心签"回应送餐过程中外卖餐食被打开或污染的问题，通过开启号码保护功能回应用户隐私保护问题等。

行动指南

安全问题是企业发展中最致命的问题之一，应及时消除生产过程中的各类安全隐患，以免出现不可挽回的损失。

11月 使命驱动

企业有很多驱动力，有需求驱动、竞争驱动、战略驱动等，但我们认为在新阶段后，美团点评是一个使命驱动的公司。当我们围绕使命时，会涉及很多事情，例如我们有很多员工和合作伙伴，我们影响几亿人的日常生活，所以我们和社会有各种各样的关联，我们影响就业，影响产业合作，也对几亿人"吃得更好"承担责任，这是我们的社会责任。

——2017 年 10 月 19 日，美团融资 40 亿美元后的采访

背景分析

完成 40 亿美元融资之后，王兴认为美团走到了社会企业阶段，所以要承担更多的社会责任。首先就是让几亿人"吃得更好"。

初期，大众点评作为最早的餐厅评价网站，帮助人们找到更多的好吃的产品，是在美味方面让大家吃得更好。团购让大家省钱，外卖是提供便利，此外还有食品安全和吃得健康。

在食品安全方面，美团正在通过 IT 技术建立两个信息系统，一个是"天网"，另一个是"天眼"。

"天网"是美团点评对入网经营商户的信息进行数字化处理的电子档案系统，能将商户的证照资质与政府系统对接，方便国家食品药品监督管理部门等相关部门了解经营商户的情况。

"天眼"主要被用来收集消费者的评价、评分，形成一个餐饮业市民评价大数据系统，能够告诉美团点评和相关部门，哪些地方做得好、质量有什么问题、哪里有较大的隐患和需要如何消除。

行动指南

为在经营过程中对社会各方产生的影响负责，就是企业社会责任的最佳体现。

11_月 10_日 隐私保护

预计 2018 年美团将投入 1 亿元用于保护用户隐私，比如你点外卖，不想让外卖骑手知道你的电话号码，那么有选项可以保护你的隐私，满足你的需求。隐私保护是我们认为非常重要的一个社会责任。

——2017 年 10 月 19 日，美团融资 40 亿美元后的采访

背景分析

在外卖等到家服务中，骑手和消费者要在线下接触，所以消费者要将地址和电话等私人信息留存在美团系统中，这些都属于消费者的个人隐私。

一个有责任感、有担当的平台会下功夫保护消费者的个人信息，这与消费者的人身安全和财产安全密切相关。系统中留存的信息外泄，可能会引发不法分子对消费者的侵害。而在外卖配送过程中电话号码泄露，也会给消费者带来不安全因素。

王兴对平台的隐私保护责任已经有所认知，美团也已经有所行动，美团外卖投入 1 亿元资金持续推广"号码保护"功能，在全国范围默认开启"号码保护"。

行动指南

随着我国互联网用户隐私意识的增强，泄露用户隐私的事件对公司带来的负面影响会越来越大。

11_月 11_日 开放平台

例如回到吃这件事，大家知道餐厅大大小小都有不同的 IT 管理系统，据我们统

计，全国五六百万家的餐厅用的管理系统有 2000 多家，非常碎片化，也非常不均衡。其中大约有 1000 多家是比较值得去打通的，所以在过去两年时间里，我们餐饮的开放平台连通了这 1000 家餐饮 ERP 服务商里的 619 家，占比超过 60%，我们认为只有帮助餐饮商家打通这些 ERP 服务商，才能真正帮助它们提高效率。

因为原来这些商家一方面要进行线下的经营，一方面要进行线上的经营，在对账等各方面都很麻烦，跟我们的开放平台打通以后，它们的效率大幅度提升，出错的可能性也大幅下降，而且也给我们外卖用户提供更好的体验，这就是我们做的开放平台。

——2017 年 10 月 19 日，美团融资 40 亿美元后的采访

背景分析

美团的成功，来自餐饮商家和消费者的双向认可。让全国所有的餐厅都用同一套 ERP 系统，这几乎不可能实现。大量的中小商家缺乏更换系统的技术能力，而且还有大量的沉没成本，所以美团要做餐饮开放平台，既是为了商家的经营考虑，也能够提升商家与美团之间的信任度，最重要的是，形成了一个有活力的多层级生态系统，可以容纳大量 to B 的服务商，促进了整个行业的繁荣。

行动指南

开放平台释放创新活力。

11月 12日 配送安全

另一个是更具体的安全问题，配送的安全。我们前段时间启动了"长城计划"。我们现在很多外卖有的时候送到公司，有的时候送到家里或小区里，外卖小哥要频繁进入小区的话，如果没有其他措施是有一定安全隐患的，所以我们正在开发"小区安

全守卫"小程序，让门卫通过这个很方便地核实：穿黄色袋鼠服装的小哥是不是真的美团外卖小哥。

再有就是交通安全，现在大家为了进一步提升效率，让用户能尽快拿到他订的餐，经常要看手机，如果你一边行驶一边看手机是很不安全的，所以我们做了一个智能耳机，带上这个耳机就可以不用老盯手机屏幕，可以很高效地完成他的任务，我们相信这样可以进一步提升配送安全。

骑手是一个心理压力很大的工作，高峰期的时候根本忙不过来，很多时候因为一个人送餐所以很孤独，所以我们正在计划跟清华大学合作，共建骑手心理热线，希望不管是从心理上还是从生理上都会能对骑手有帮助，从另外一个角度进一步提升我们的配送安全。

因为有这么多骑手每天在路上跑，会发生意外伤害，为此我们专门筹建了骑手关爱基金，希望能够改善情况。配送安全也是我们注重社会责任的一个方面。

——2017 年 10 月 19 日，美团融资 40 亿美元后的采访

背景分析

2017 年美团外卖在全国范围内的日单量超过 1000 万单，有 50 万名活跃骑手参与配送。骑手遍布全国，保障数百万人饮食供给，他们的工作环境，配送中的交通风险，以及心理健康问题等，关系到社会和谐稳定，属于重要的社会议题。

骑手是外卖平台能够搭建起来的重要环节，平台为骑手提供工作的同时，也应该承担起骑手在工作中有可能出现的问题，这是无法推卸的责任。

美团已经开始做出尝试和努力，以应对骑手配送过程中遇到的各种问题，比如：被小区保安拦截时，骑手个人的能力有限，而平台可以代表骑手处理这类问题；骑手路上分神容易遭遇车祸，美团就要想办法保障骑手骑车时更方便地接听电话等。

行动指南

员工和服务人员的安全问题，也是公司应背负的社会责任。

11月 环境保护
13日

我们越来越关注环境问题，每天一两千万份的外卖，包装盒确实造成一定的污染问题，我们作为行业领导者，应该主动承担起这个责任。所以我们倡导成立绿色外卖的环保联盟、推出行业公约、设立青山基金、推出环保的产品功能选项，将来也包括我们上游对包装的倡议、提供更环保的餐具，我们希望大家在享受很方便、很美味的外卖同时，能够减少对环境的压力，环境保护是我们越来越重要的一项社会责任。

现在有些时候我们在办公室或在家里，不需要一次性的筷子、勺子的时候，可以选一个选项：不要餐具。我也鼓励大家在点美团外卖的时候，选这个选项。虽然可能很微薄，但是也是对环境的帮助，如果每个人都注意环保的话，那环境就会好很多。

——2017 年 10 月 19 日，美团点评媒体沟通会

背景分析

商业的进步和发展，在绝大多数情况下，都伴随着资源的消耗与环境的污染。在这个过程中，企业对自然环境的污染和资源的消耗起了主要的作用，也应当承担起建立可持续发展的全球经济这个重任，将保护环境视为企业自身的责任。

环保之于企业，绝不是可有可无的意识，也不是影响企业自身生存和发展的绊脚石。事实上，作为社会系统中的一分子，企业的经营行为符合社会主义核心价值观，顺应社会的集体认知，是得到社会认同的基础。

王兴这一段话，说明环保意识在企业的具象化，不仅是对外的，也是对内的。对外，美团要逐步承担起处理外卖包装污染的责任；对内，美团希望员工重视环保，形成全公司的共识，在工作和生活中体现环保意识，保持公司在大众心目中的形象。

行动指南

环保是全社会可持续发展的需要。公司竞争力不能靠破坏环境来实现。

11月 14日　推动社会就业

新时代是通过互联网和人工智能技术挖掘就业潜力，发展新型就业形态的时代。美团通过创新的外卖业务，助力脱贫攻坚。2017年在我们平台上面一共有41.6万来自国家级贫困县的外卖小哥在美团获得收入，覆盖全国98%的贫困县。在美团的骑手群体里面，有31%是来自传统产业的工人。美团外卖小哥是一群"有理想、有本领、有担当"的城市新青年，靠自己的勤劳和智能化的连接技术，服务千家万户。美团激发出新的就业潜力，创造了新的就业机会。

——2018年3月24日，中国发展高层论坛2018年会·"人工智能时代的美好生活"主题论坛，王兴演讲

背景分析

提供一定的就业机会是企业的社会责任之一。虽然自营配送是美团外卖在战略上的选择，但是这一做法，客观上达到了吸纳社会转移劳动力、增加灵活就业的结果。为配送岗位提供适当薪酬，保证了骑手的生活，这是巨大的社会价值。

王兴认为，技术的发展能够带来新的就业机会，美团为骑手提供工作机会就是一个很好的例子。

行动指南

对劳动力的高效组织，既能使社会整体效率提升，也能为劳动力提供就业岗位，协助维持社会稳定。

11月 15日 人才培训

我们累计接单骑手有 300 万人，他们不光需要就业，而且需要有发展，所以我们认为人才培养也非常重要。而且对中国的服务业，大家有很多抱怨，中国的现代服务业要发展，也需要人才素质的提高，这里也是我们在努力做贡献的地方。

例如，2015 年年底，我们成立"互联网＋大学"，一方面我们希望跟从业者有合作，另一方面我们希望能够培养人才，帮他们提升在餐饮、酒店、旅游、外卖、美业等这些地方，我们都做力所能及的贡献，我们办了超过 500 场的培训，覆盖达 200 个城市，培训人次超过 5 万。但这个才刚刚开始，往后让大家"Eat better, live better."不是光 IT 技术好，实际上是要提供服务的人员的整体意识素质能力都要提升，这样才能最终达到更好地服务消费者的目的。而我们作为国内最大的生活服务电商平台，我们也会推动从业人员素质提高。

——2017 年 10 月 19 日，美团点评媒体沟通会

背景分析

每一家企业的成长，都离不开整个产业链的助力。而美团的成长，依靠的就是中国服务业的发展，所以美团也要去做那些能够推动行业进步的事情，培训高素质的服务业人才就是一环。

从个体上来说，骑手是大部分就业者职业生涯的一个阶段，他们也需要职业上的发展。所以帮助骑手成长、帮助上游合作伙伴培训人才，这也是美团对整个社会的贡献。

行动指南

提升行业劳动参与者的素质，是在提升整个行业的水平，同时也是在提升社会的文明程度。

11月 16日 上市与社会责任

上市意味着成为一家公众公司，意味着更大责任。作为平台型互联网企业，我们不能仅仅用法律、义务这样的底线来要求自己，而是要更加自觉、更加主动地承担社会责任，创造社会价值，构建一家社会企业。这需要我们每个人从每天的日常工作中做起。我们要进一步加强科技创新，促进生活服务业供给侧升级，带动更多的就业，和方方面面一起，构建智慧城市，创造美好生活，践行我们公司的使命"帮大家吃得更好，生活更好"。

——2018 年 9 月 20 日，美团上市王兴内部信

背景分析

一方面，成为上市公司，就意味着公司在资本层面上与公众利益紧密相连。上市公司承载了全社会的更高期望，有逐步带动社会上其他公司强化企业责任建设的义务。从王兴个人的道德准则上来说，他认为美团应该自觉主动承担社会责任。

另一方面，美团这样的公司上市后，一举一动都会受到全社会的监督，承担社会责任也有利于企业品牌形象的提升。

而且某些证券交易所对于在该处上市的公司有强制披露企业社会责任条款的要求。美团上市的香港联交所就有规定，要求上市公司按照《ESG 报告指引》，定期发布相关报告。ESG 报告，就是上市公司就环境保护、社会责任和公司治理的相关信息与投资者沟通的文件材料。

行动指南

担负一定的社会责任是维护上市公司社会形象的基本要求。

11月 17日 防疫抗灾

磨砺，让我们对"帮大家吃得更好，生活更好"的使命更加清晰和坚定。就在此次新冠疫情中，我们率先为用户推出"无接触配送"等安心举措，通过一系列措施助力商户复工复产，力所能及地支持援鄂医疗队等，这是一家社会企业应有的担当，也是我们的职责所在。这次新冠疫情也提醒我们，只有持续夯实自身基础，才能在风浪中，为用户、产业和社会创造更大的价值。

——2020年3月4日，王兴内部信《美团十周年》

背景分析

越是遇到社会危机，越是能够凸显一家公司的社会责任感。参与防疫保供等工作，不仅是美团这家企业履行社会责任的重要内容，也契合企业自身的发展方向，与商户形成了更紧密的利益链条，提升了企业美誉度。

行动指南

社会稳定是企业正常运行的基石，参与社会危机事件的救助工作，也是在维系企业自身的生存环境。

11月 18日 产业价值和社会价值

今天是美团10岁的生日，比这更重要的是，我们将迎来更好的10年。新的10年，我们会在科技研发上加大投入，让科技更好地普惠产业发展；会在组织建设与人才发展上更上一层楼，为大家和公司共同发展创造更好的条件；会继续努力创造社会价值，和大家一起共创美好生活。

——2020 年 3 月 4 日，王兴内部信《美团十周年》

背景分析

技术研发不仅能满足内部需要，也是提升行业水平的助推器。

美团的科技创新是以用户为中心，以"帮大家吃得更好，生活更好"为核心目标展开的，在未来的 10 年，美团在科技研发上加大投入意味着：美团不仅要坚持用户需求驱动，还要加上核心技术驱动；不仅是为了商业价值，更是为了产业价值和社会价值。

行动指南

做好研发，也是社会价值的体现。

11月19日 建设数字经济社会

消费者、吃饭的人都是需求侧，餐厅是供给侧。餐饮行业有很多链条，餐厅要往上游去采购、雇服务员、买很多设备等，经营是比较复杂的，涉及很多方面，所以数字化进度相对慢一些，需要逐步展开。但我觉得，只有把供给侧逐步数字化以后，整个数字经济才完整，整个链条才打通。

——2017 年 10 月 19 日，美团融资 40 亿美元后的采访

背景分析

企业怎么看待社会责任？从某种程度上来说，取决于企业认为自己能发挥怎样的社会功能。王兴看重效率，将提升社会效率视为己任，那么美团就是发展数字经济的

一个重要力量。提升全社会的数字化进程，尤其是餐饮行业的数字化进程，就是美团应该去做的事情。

行动指南

认清企业在社会中的角色定位，并承担相应的社会责任。

11月
20日 人生以服务为目的

"人生以服务为目的，赚钱只是顺便"，台湾一位已经退隐的企业家，告诉江南春的这句话，确实段位够高。

——2011 年 2 月 16 日，王兴在饭否上的发帖

背景分析

人是一切社会关系的总和。一个人在工作中如果时刻谨记以服务为目的，把切实服务好每一个人作为自己的行为准则，不投机取巧，不盲目短视，就能得到更多人的认可与支持，赚钱自然就是顺便的事情了。

企业也是如此。

行动指南

赚钱不是企业活动的唯一目标，要做服务社会的事情。

12月

月

国际化

12月 1日 开拓海外的新希望

从各方面消息来看，中国互联网企业开拓海外都将是一波巨大的浪潮。中美以外的各国互联网市场看来要从美国一家独大进入中美争霸的时代了。当然，中国企业的综合实力比美国同行还是弱许多，但是，毕竟看到了希望。

——2014 年 7 月 13 日，王兴在饭否上的发帖

背景分析

2014 年，随着中国市场新增用户规模受限，竞争也越来越趋于白热化的态势，出海就成了一些企业的选择。当年 5 月，猎豹移动登陆纽约证券交易所，关于出海的话题达到最热。

中美两大市场是全球唯二的，本国最顶尖的互联网公司都是土生土长的公司。但是谷歌、脸书、亚马逊等公司的用户遍及全球，占领了欧美亚非绝大多数国家和地区的市场份额；中国以 BAT 为首的互联网公司却难以走出去。美国的互联网公司似乎天生就是面向全球的企业，中国的互联网公司却一直在国内市场耕耘。

王兴对中国充满期待，希望中国公司能够在世界舞台上与美国同行抗衡。这是希望的开端。

行动指南

中国企业也要有放眼全球市场的气魄。

12月 2日　中国企业的新风口

我们知道互联网起源于美国，过去中国很多成功的互联网企业都学习了美国的成功模式，我认为到"互联网+"时代，现在我们在很多地方领先于美国，也领先于其他国家，我们在"互联网+"层面探索得比较早。所以，我认为再往下，中国企业，尤其是中国互联网企业的国际化可能是个风口。

——2016年6月16日，中国"互联网+"峰会：马化腾、王兴、姚劲波对谈

背景分析

马化腾曾经说过一句话：互联网的流动模式以前是C2C，"Copy to China."；这几年逐步变成了KFC，"Copy from China."。中国互联网公司以前会以对标美国模式为宣传点，但是在"互联网+"时代，由于中美社会环境差异较大，适应中国社会的商业模式层出不穷，美团外卖、共享单车这样的业务形态中国独有，这些都有机会输出到海外。从宏观视角看来，中国互联网企业的国际化已经走到了一个新的阶段。

行动指南

中国的互联网企业走出了一条独特的道路，在许多领域世界领先，在海外市场也有竞争力。

12月
3日 国际化并不容易

从更宏观的角度看，整个中国的互联网也是刚刚进入下半场。之前中国互联网的发展，在很大程度上靠的是人口红利，不管是早期 PC 网民的迅速增加，还是过去几年移动互联网用户的激增，大家发展的方式哪怕粗糙一点、成本高一点都不要紧，因为用户在快速增长，每年卖几亿部智能手机，大家的业务跟着水涨船高。但是现在可以看到，这个时代已经过去了，智能手机的年销量已经不增长了，总体网民数量的增长也大幅趋缓。

这个时候两条路：要不开拓海外市场，可能还有更多用户，但是国际化是非常不容易的事情；要不你就得精耕细作，把原有的用户服务得更好，通过每个用户创造更多的价值。

——2016 年 7 月，王兴内部讲话《中国互联网已经进入"下半场"》

背景分析

在互联网人数渗透超过国内人口一半的时刻，用户指标再也无法翻倍增长，最激动人心的人口红利时代已经过去。智能手机的出货量增长速度在 2016 年也下降到了 10% 左右，移动互联网红利也基本消失。

所以中国的互联网想要发展，不能遵循原来的增长模式，大型互联网公司也不能再以 DAU 和 MAU 的变化作为增长的向度，接下来要么找到新的市场，要么提升单用户价值。开拓海外市场，走国际化道路，就成为自然而然的选择。

过去 10 年，中国互联网公司出现过两次主要的出海浪潮。

在 2010 到 2015 年间，不少中国的互联网公司加入了国际化的阵营，猎豹移动、赤子城，以及出品 Wi-Fi 万能钥匙的连尚网络等，都抓住了智能手机对工具类应用的刚需，如省电、清理内存等，在国外推出后，迅速赢得大量用户基础，并率先在海外实现商业化。

可是工具类产品很难形成长期的用户黏性，这一波出海的产品虽然有些做到了数十亿的下载量，但真正的忠实用户却不多，因此前途十分有限。

2017 年以后，以 TikTok、快手等为代表的短视频娱乐社交型产品成为出海的主力。TikTok 日活达到 7 亿，已经成为全球最有影响力的手机 App 之一。

国际化难度大，这么多年来，中国互联网公司中的成功案例也只有数得过来的寥寥几例，大部分都在海外折戟沉沙。

行动指南

就算是国内领先的公司，在国际化过程中也会遭遇重重困难。

12月 4日 世界互联网的 BAT

美国企业，世界互联网的"BAT"——亚马逊、谷歌、脸书，尤其是谷歌和脸书，它们掌握了全球互联网最底层的资源，微信现在每月有 8 亿的活跃用户，已经很大，但是微信不能很好地拓展海外用户，怎么也不能实现翻番，但是谷歌和脸书已经有接近 20 亿的用户。

所以从世界来看美国企业才是世界互联网的"BAT"。中国企业作为后进者，作为第二波的企业，要想找到机会，我认为正确策略和当年华为的策略一样，一方面要高科技，一方面要接地气。

——2016 年 8 月 26 日，亚布力论坛，王兴演讲

背景分析

全球市场是比中国更广袤的市场，要想成为最顶级的互联网公司，不能满足于国内市场。但是如何进军国际，仍然是一个难题。

王兴的建议是向华为学习。他研究过华为的全球化路线，在饭否上还谈到他读过任正非写的《走过亚欧分界线》等文章。

华为的国际化路径是：首先要有顶级的研发管理体系，有行业领导级的产品，才能在进入新市场时靠产品竞争力有一席之地；其次是要根据各国不同的市场制定相对应的对策。

华为副董事长胡厚崑说过，任何全球化的公司，都必须关注不同市场的本地化需求，并提供相应的差异化产品和服务，这样才能将在其他地区的成功延伸到本地市场。

行动指南

局限在中国，做不了世界级的"BAT"。

12月5日 "互联网+"的机会

提到远方很容易想到全球化、国际化，正好 2016 年上半年我关注这个问题，我去了以色列、德国、印度尼西亚。

我看到这确实是一个非常大的机会，中国人口再多，多不过全世界的人口，市场再大，大不过全世界的市场。但是我们需要思考一个问题，中国企业要国际化、要全球化，尤其是互联网企业，应该从什么角度切入？

我想提出我的一个观点。我认为"互联网+"可能是中国互联网企业全球化的最好机会。因为在国内有 BAT 三座大山，后面有很多企业，不管是滴滴，还是美团点评、今日头条等这些企业要崭露头角，是需要面对很多束缚的，是需要做一些苦活累活的。

——2016 年 8 月 26 日，亚布力论坛，王兴演讲

背景分析

王兴在 2016 年认为"互联网+"能够走出中国，因为中国各行各业都在积极互联网化，中国公司在"互联网+"积累了大量的经验，能够和美国的互联网巨头公司形成差

异化竞争。如果中国的公司在全球市场上，与谷歌拼搜索、与脸书拼社交、与亚马逊拼电商，那成功概率不大。

但是在"互联网＋"的赛道上，中国公司比美国公司还要稍微领先一点，进行差异化竞争，成功的概率还要高点。

行动指南

中国公司要走出国门，去做"互联网＋"的事情。

12月6日 两种世界观

我首先认为中国企业，不光是互联网企业，整个中国企业国际化是必然的事情，是需要去做的。

最终，中国人再多，还是 13 亿人，全世界 73 亿人。我们认为有两种世界观：一种世界观是两个圆，但是不相交，一个是中国，一个是外国；另一种世界观也是两个圆，是大圆里面套个小圆，这大圆是世界，里面小圆是中国。这两种观点是很不一样的。我们是一个诞生在中国的企业，先满足中国市场需求，但是最终是希望有能力去服务全世界。

——2016 年 11 月 21 日，乌镇互联网峰会，TMD 对谈骆轶航

背景分析

如果企业家的认知是，中国市场和外国市场是不相交的，那么进入国际市场就是从零开始，进入到一个完全陌生的市场；如果认为中国市场是全球市场的一部分，那么国际市场就是国内市场的延伸，国际化就是自然发生的选择。

企业家看待世界的角度不同，所理解的天花板的高度就不一样，公司的最终结局也会有区别。

行动指南

心有多大，世界就有多大。

12月 7日 三种国际化

美国公司之所以占着优势，一方面是市场大，它的钱多；另外一方面它的人多，因为高科技企业说白了就是拼聪明人，你最聪明的有多聪明，你有多少聪明人。如果你不能在市场上面以及在人才上面跟它竞争的话，差别就很大。所以国际化有几种：一种是国际资本，一种是国际人才，一种是国际市场。刚才听起来的，大家主要是讲国际市场，但其实不一定的，像别的企业，比如蔚来汽车，它觉得国际人才就更重要，可能比国际市场更重要。

——2016年11月21日，乌镇互联网峰会，TMD对谈骆轶航

背景分析

王兴认为，这些美国公司有两大优势：第一是吸引全球资本注入；第二是吸引全球人才加入。因为这些公司都是全球化的公司，面对着更大的市场，资本和人才由此被吸引而来。

另一方面，市场、资本、人才是国际化的几个方面，公司根据需求选择侧重点：在国内市场已经饱和的公司，国际化是为了寻求国外的市场；而有些行业国内人才匮乏，在这种情况下，从全球选择合适的人才方是公司紧要之事。

行动指南

国际化的目的不仅仅是进入全球市场，更是引入全球的资金和人才。

12月
8日

长期战役

所以我们正在热身。确实像2016年上半年，我开始考虑这个问题了，我去了一趟旧金山（硅谷），去了一趟柏林，去了一趟以色列，去一趟雅加达，就是你先去看嘛。所以我还是回答：第一，国际化一定要做；第二，国际化急也急不得，这是一个长期战役，我觉得都不是1年、2年、3年，也不是5年，我觉得是10年以上才会有大成的事情，至少得用10年的眼光去看。

我说的10年不是说10年后开始做事情，而是说要把它做成，至少要用10年，需要几代公司的努力。但是启动的话，我觉得是可以采用各种方式的。

——2016年11月21日，乌镇互联网峰会，TMD对谈骆轶航

背景分析

国际化是一个长期主义的事情，不能急于一时。全球分为欧洲、北美、拉美、东南亚、中东、非洲等若干个大市场，每个大市场内部还有若干以国家或者地区划分的小市场，进入每一个市场都不是一件轻轻松松的小事情，要有足够的市场认知和前期准备，还要花时间打入用户心智。管理者要有长远的眼光和耐心来看待国际化的问题。

中国公司的国际化，正如王兴所说，是几代公司前仆后继的过程，有互联网公司做智能手机的工具性应用，有手机厂商在海外攻城略地，最近则掀起了跨境电商的热潮。

行动指南

国际化一定要做，但不一定能做成，需要很长时间和大量的耐心。

12月9日 全球化和国际化

我正好在思考这个事情，这两个词是有细微差别的：是全球化还是国际化。

国际化默认国家是最核心的单元，认为国家是天然边界；全球化是覆盖全球概念，它不认为国家是最重要的，可能对它来讲，语言是最重要的。

多语言化，只是通常说，一般国家会有不同的语言、不同的政治制度、不同的货币，全球化把它捆在一起了，我觉得全球化是个最统称的概念。

像我们这个业务（与城市）非常相关，我们就是搞定城市，我不太可能去搞农村，所以不见得国家是最天然的单位。

——2016 年 11 月 21 日，乌镇互联网峰会，TMD 对谈骆轶航

背景分析

"全球化""国际化"，这两个词，在大多数语境下含义相近，因此可以混用。但是王兴是一个非常重视事物本质的人，他会看到这两个词背后的区别，从而找到最契合的那一个。

国际化意味着还有国家的边界，要以国家为单位进入一个新市场，但是王兴认为美团这样的公司是以城市为单位进入一个新的市场，不适合用国际化这个词。

还有以文化属性、货币属性为市场特征的产品，在开拓新市场时，也不是以国家为边界来划分市场的。

行动指南

不论是国际化、全球化，还是多语言化，关键是业务性质要和这个市场相匹配。

12月 10日 全球与全世界

　　国际（international）和全球（global）这两个概念有一个着眼点的差别：国际是默认国家是最天然的单位和区隔；全球则并不自带这个假设，而是直接着眼全局（整个地球）。当然，用全球指代全世界估计也只能再用个小几十年吧，人类迟早要拓展到地球以外别的地方去。

——2016 年 7 月 6 日，王兴在饭否上的发帖

背景分析

　　"全球"和"全世界"也是不同的概念。全球是指地球上的任何地方，而全世界是指人类已有认知的地方。在目前的大部分语境下，全球和全世界可以混用，而等到人类到了太空时代，世界的概念就会扩大到地球之外。

　　这是距今还比较遥远的概念延伸，也是王兴世界观的体现。他的思维不会局限于现有的概念，他要了解事物的本质定义再去下更清晰明确的决断。

行动指南

　　做不做国际化，不是人云亦云的事情，而是要从第一性原理出发去思考的问题。

12月 11日 跨国管理

　　骆轶航：我觉得还有一个问题，就是我们知道美国公司在中国本土，可能犯的最大的错误就是，反正以我看到的真的就是决策很缓慢，流程很长，说我要接地气、要本土化，但本能地就会被内部的力量牵引着，变得疏远了，不接地气了，不尊重本土的独立意志了。如果你们去做这一步的时候有什么办法能够避免犯这样的错误？光有

意识是没有用，新的公司说我们要避免犯当年亿贝的错误，谷歌的错误，但实际上你看它们的操作，它们还是犯了那样的错，这个惯性实际上是很可怕的。你们去面对海外市场的时候，你们怎么避免在决策上、在本地权限上各个方面不犯这样的错误？因为人都是这个样子的，因为你都会被另外一些力量往回去拽，你会有几千个、上万个员工把你往回拽，这个错误怎么不犯？我觉得美国人犯的错，中国人以后在国际化的过程中未必不会去犯。

张一鸣：华为有很多总结。他们雇用当地员工，当地员工占管理层多大比例。对，他们有很多总结，我们现在可能还答不上来，答不那么好。

王兴：对这个我的看法不太一样，我觉得那些问题都会犯，就像官僚体系也不一定都是坏事。这里核心的点是说你在这个市场，这个业务，在中国是不是做到世界第一，要比这个业务在美国大，这是最有机会的。那你会犯的错，美国也会犯，大家抵消了，你不可能完全在管理体系上赢它，这个我是不相信的。美国人不傻，他之所以要做那么多控制，是因为他不那么搞，公司就乱了。

——2016 年 11 月 21 日，乌镇互联网峰会，TMD 对谈骆轶航

背景分析

美国的互联网公司，在进入中国市场的时候，都会有决策链条过长，总部对中国分公司掣肘较多的问题，导致中国业务遇到问题时反应缓慢，最后被中国的竞争对手反超。

那么中国的互联网公司在国际化的路上，会不会犯这些错误？如何避免这些问题？王兴认为，国际化的公司，这种问题都是不可能避免的，中国公司的管理也不一定就比美国公司的管理好，中国公司要想在国际市场站稳脚跟，这些不是关键因素，而是看这个产品、这项业务是否已经是世界第一，在能力溢出的情况下反攻海外才是最有机会的。

行动指南

不能因为管理问题而对国际化畏惧不前。

12月
12日　傲慢的错误

骆轶航：我觉得中国像你们这样的企业家，我说句不客气的话，极有可能会犯美国那些企业家的错误，就是傲慢的错误。因为自己做得足够好，市场足够大了，而且在某些方面比美国公司要做得好了，所以极有可能会犯美国公司的错误。自信了嘛，结果就是对外的时候，你可能会有一些，就是说我们信我们自己的公司做得好，我们信我们自己的企业文化好，我们信我们自己运营能力好，我们就有可能在海外市场上犯一些傲慢的错误。

王兴：这个我不敢说完全不会，我前面看了一圈，比如，刚到雅加达的时候，我觉得OK，我们肯定比它大，比它先进，比它领先，我们很多东西搬过来就行了。开始我是线性思维认为它总体落后多少。我们就待了两天，谈了一些公司后，感觉不是这样的，它有的地方比我们还领先，就是可能因为它一上来就搞金融、医疗、移动医疗，所以在那些方面根本不比中国落后。我意识到它们跟中国不一样，就跟中国原来比美国总体落后，但是二者也不一样。现在O2O方面我们中国比美国发达，现在别的国家也是一样，并不是我们全面地超越领先它，而是它在不同的发展阶段有当地特色。我觉得心态稍微开放一点，多看一看的话，是能够理解的。

——2016年11月21日，乌镇互联网峰会，TMD对谈骆轶航

背景分析

国内创业圈流行这么一条经验论：中国社会比美国社会落后三到五年，所以只要把美国近两年的产品搬运到中国，就能成为国内最具创新性的产品；类比而言，某些社会又比中国社会落后三到五年，那么我们把国内的产品搬过去就行。

但是国际化不能这么做。这种搬运式创业反映了创业者的傲慢，对客观市场的不尊重，以及对商业规律的无视，是创业者遭遇滑铁卢的前兆。每个市场都有其特殊之处，不能简单粗暴地以落后五年或者先进三年来计算。

行动指南

进军海外，一定要摆脱个人偏见，以实事求是的态度看待当地的市场环境。

12月 13日 成群结队更有竞争力

日本扩展海外的，有日本的银行、日本的媒体、日本的企业、它们一起去做，我觉得中国互联网企业也应该如此，因为有做分发的，有做电商的，有做金融的，有做O2O的，一起的话会有更强的战斗力。这里我认为是非常好的一个机会，中国现在GDP增速不是那么快，你看，东南亚，非常有趣，他们市场也不小，东南亚有6亿人，有中国的一半，这里面他们基础设施比我们落后一点，但也在蓬勃发展。我2016年去了各国看了一下，一个很大的感触，大家以前吐槽说，中国有大量的人才，很多国家的人才是不够的，他们计算能力是不够的。我觉得这是我看到的互联网下半场最激动的三条：上天、入地、全球化。

——2017年4月15日，新经济100人CEO峰会，王兴演讲

背景分析

中国的互联网公司如果都能出海，那就会在海外形成一整套互联网公司矩阵，各个环节都有中国公司立足，产生1+1>2的效果，这远比单个公司单打独斗的效率要高得多。

国内市场的天花板肉眼可见，王兴希望，国内互联网公司都能将眼光放远一点，在国际上形成合力。单个公司的力量是有限的，如果出海成为一波巨浪，中国企业整体的战斗力会更强，声誉也会更好。

行动指南

全球涌现来自中国的跨国企业，将会成为未来的趋势。

12月 14日 中国经验

互联网和人们生活的结合程度越来越紧密，与此同时各个国家都有着不同的历史文化、不同的经济发展水平以及不同的法律法规。要发展好互联网，利用好互联网，我想：一方面要积极使用互联网的新技术，哪怕是在一些基础比较薄弱的传统行业，互联网也可以发挥很大的作用，去帮助它们实现更快速的发展；另一方面需要通过有效的法律、法规对互联网进行治理。而中国不管在技术方面还是在政策管理方面，都有许多值得大家借鉴的地方。

所以我认为，在互联网领域里，尤其是"互联网＋"领域，中国的发展和治理水平，比起美国，对其他金砖国家和发展中国家更有借鉴意义。

——2017 年 9 月 4 日，金砖峰会，王兴演讲

背景分析

商业力量也有软实力和硬实力之分。中国公司追逐海外的资金、市场和人力资源，属于硬实力出海；而中国互联网的发展经验、治理能力，则属于软实力，将其输出到其他金砖国家和发展中国家，会产生更大的影响。

行动指南

中国的互联网有其独特的技术、政策等优势。

12月 15日 全球化的投资

2018 年是美团点评全球化探索的元年，也是我们向世界输出我们成功的商业模式、科技创新的开始。近两个月以来，我们已经连续投资两家海外的科技公司，分别

是印度最大的外卖平台 Swiggy 和印度尼西亚最大的互联网平台 Go-Jek。对于海外市场，我们将长期保持关注并积极参与。

——2018 年 2 月 15 日，王兴 2017 年总结内部信

背景分析

美团出海的第一步仍然比较谨慎，选择以投资开场，而没有轻易将战场转移到海外的本地生活赛道。

和短视频、游戏等纯移动互联网应用相比，本地生活依然是一个更重的商业模式，要与本地商家建立良好的合作关系，需要大量地推人员，综合成本更高。而投资当地企业有利于美团在前期了解海外市场，针对性地制定下一步战略举措。

行动指南

现金充足的公司可以用投资当地企业的方式先了解一下市场。

12月 16日　做成世界冠军的企业

当然这个比赛刚刚开始，因为服务业，即第三产业的比重是越来越大，任何一个经济体越发达，第三产业比重越大，但整个服务业的互联网渗透率还非常低，虽然我们现在在前列，但是这个比赛刚刚开始，我们非常努力地工作，不光确保我们在国内是领先的，而且确保我们在世界上是领先的，因为我们要成为一个能做世界冠军的企业，将来我们不但把国内的事情做好，还要把国内的经验输出到别的国家去。

有可能是往欧美日韩这些 GDP 更高的国家输出，也有可能往"一带一路"沿线 GDP 更低的国家输出，但是在这些领域，我们的发展经验可能比美国的发展经验，离它们更近，更有借鉴意义。所以美团点评是一个很有机会成为世界冠军的企业。

——2017 年 9 月 27 日，王兴在清华大学的演讲

背景分析

王兴看好的是，第三产业信息化、互联网化带来的巨大商业潜力。美团是有机会走出国门，挖掘这一巨大商业金矿的中国公司。

商业势能也是从高处流向低处的。王兴的愿景是美团成为世界冠军级别的企业，那就意味着，美团要先在效率、服务、产品、技术等方面，成为世界顶级企业，才能够自然而然地将能力输出到其他国家。

行动指南

一家公司先在国内做成世界领先的企业，再走出国门，成功的概率往往会更高。

12月 17日 全球资源配置能力

最近研读章玉贵老师的系列作品，再推荐一篇他写的《中国经济必修课》：中国迄今还没有一家具有一流竞争力的世界级跨国公司。真正意义上的跨国公司是指能在全球范围内对资源进行最佳配置的企业，而中国目前的顶级企业……都还没有强大到可以在全球配置资源的程度。

——2011 年 12 月 13 日，王兴在饭否上的发帖

背景分析

这是时任上海外国语大学东方研究管理中心副主任章玉贵的文章，王兴在饭否上推荐了这篇文章。

所谓全球资源配置能力，指的是企业能够在全球范围内集聚和配置资金、信息、技术、人才、货物等要素资源的能力。这种能力越强，参与国际竞争的能力就越强。

早在 2011 年，美团创业不足两年之际，王兴就非常关注中国企业的国际竞争力，

并且期待中国能走出一家世界级的跨国公司。在随后几年中，他经常会思考，中国的互联网公司应该如何走出去同世界顶尖的互联网公司竞争。

行动指南

创业者早期就可以坚定自己的目标，要做世界顶尖级跨国公司。

12月 18日　盲人与大象

我们都是盲人，摸着世界这只大象。

——2020 年 11 月 24 日，王兴在饭否上的发帖

背景分析

无论是多么具有全球视野的人，看这个世界都是从自己的经验和知识出发，做出属于自己的理解。

真实世界是庞大而复杂的，没有人能够看清全貌，尤其是，当一个人和大象同时被关在笼子里时，更是角度单一，缺乏多角度观察的机会。

公司在全球化的过程中，也是一边摸一边理解市场，没有人能真了解全球各个角落发生的各种事情。

行动指南

不要以为自己对市场已经有足够的了解，很可能你只是摸到了它的脚。

12月 19日 中国的芯片

芯片和操作系统做不起来，本质问题还是：只靠中国自己，市场不够大，钱不够多。

——2018 年 4 月 23 日，王兴在饭否上的发帖

背景分析

有些产品，在单一市场的需求量不足以覆盖成本，那这个市场内部就很难独立孵化出一个生产该类型产品的专业公司，即使有，也会很快消失，因为市场养不起这条"大鱼"。

芯片和操作系统就是这样的产品。中国的企业在这两个领域有所不足，根本上来说是没有成功从中国走出去，没有建立自己的全球竞争力。

行动指南

足够大的市场给企业带来足够多的机会。

12月 20日 高科技产品的全球竞争力

真正的高科技产品不会怕一个国家不向你开放市场，而是一个国家怕你不卖给它，典型例子是英特尔的芯片。

——2020 年 8 月 2 日，王兴在饭否上的发帖

背景分析

真正的技术能力是硬通货，到处都有人买单，在国际市场也有足够的竞争力。

大部分互联网公司虽然也是技术公司，但是缺乏足够硬的技术，能力有限，在海外也没有议价权。

行动指南

研发能力是一家公司走向全球市场时的真正底牌。